HOGAR, DULCE NEGOCIO

CÓMO LOS FONDOS DE INVERSIÓN DEVORAN LAS CIUDADES

Col·lecció Periodisme, 14

Gonzalo Sánchez

Hogar, dulce negocio
Cómo los fondos de inversión devoran las ciudades

Prólogo de Manuel Gabarre

VALÈNCIA 2026

Hogar, dulce negocio. Cómo los fondos de inversión devoran las ciudades obtuvo la beca Beca Josep Torrent de Periodisme d'Investigació 2023, otorgada por la Unió de Periodistes Valencians y la Institució Alfons el Magnànim - Centre Valencià d'Estudis i d'Investigació. Formaban parte del jurado Violeta Tena Barreda, Guillermo López García y Lucas Marco Sánchez.

Edición compuesta con tipografías Brill y Bw Modelica para el interior y Courier para la cubierta; el interior se ha impreso sobre papel Coral Book Ivory de 90 g/m² y las cubiertas, con cartulina Creator Silk de 350 g/m²

Institució Alfons el Magnànim
Centre Valencià d'Estudis i d'Investigació Diputació de València
Corona, 36 - 46003 València
Tel.: +34 963 883 169
magnanim@dival.es
www.alfonselmagnanim.net

ISBN: 978-84-1156-089-4
DL: V-4931-2025

Diseño de la cubierta: Eugenio Simó
Diseño de la colección: Jaume Ortolà

Gráficos: Andreu Vicedo
Maquetación: Artes Gráficas J. Aguilar, SL

Impresión: Impremta de la Diputació de València

Índice

Prólogo, *Manuel Gabarre*   11

La banca en la sombra   19

El *shock* inmobiliario   37

Ladrillo visto, toldo verde   49

De barrio obrero a paraíso turístico   71

Un mercado intervenido (a favor de los fondos)   91

«Força sindicat»   111

Las entrañas de los fondos   127

Amenazas, diazepam y noches en vela   147

Hijas del desahucio   165

Las cabezas de Cerberus y Blackstone   177

Los nuevos amos de España   187

Bibliografía   201

«Si los conejos tuvieran tirachinas, no quedaría un cazador vivo»
(Pepe Pantorras)

A mi padre, por llevarme a cambiar desagües a la obra con 15 años. A mi madre, por inculcarme el amor por los libros

PRÓLOGO

Fondos de inversión y vivienda: un negocio político

Los fondos son una amenaza para la vivienda, la salud y las pensiones porque su objetivo es convertir los derechos sociales en mercancías financieras. A pesar del poder que han alcanzado, son entidades relativamente recientes. Entre los años 1985 y 1995 varios ejecutivos de Wall Street fundaron los fondos más relevantes en el sector de la vivienda como Blackstone, Cerberus y Lone Star. Quizá debido a su carácter novedoso, ni siquiera nos hemos puesto de acuerdo en cómo llamarlos: fondos de inversión, fondos oportunistas, fondos buitre Tampoco hay una forma legal específica para ellos. Su finalidad es lo que mejor los define: ganar mucho dinero en el menor tiempo posible.

Esta estrategia no es apropiada para la economía productiva que está caracterizada por la competencia. En ella son raras las oportunidades de lucro inmediato y el afán por obtenerlo sin esfuerzo suele conducir al fracaso. Tomemos el ejemplo de Cerberus. En el año 2007 el fondo compró Chrysler, que estaba atravesando un periodo de serias dificultades. Pronto la aventura culminó en un desastre. Un año después de la adquisición, Cerberus habría desaparecido de no ser por el rescate del gobierno a ese fabricante de automóviles. Su fracaso en la economía real quizá se explica porque la productividad está ligada a la paciencia, la constancia y el trabajo. Tres valores que no van con el funcionamiento de Wall Street.

Las oportunidades de dinero fácil provienen de las privatizaciones y de los contratos con el sector público. A mediados de los años ochenta comenzó el recorte del estado en Norteamérica y en Europa. Al mismo tiempo los gobiernos de estos países permitieron que los millonarios y las compañías multinacionales dejasen de pagar los impuestos que les correspondían a través de paraísos fiscales. No es casual que los fondos surgieran en ese contexto de políticas dirigidas a debilitar a la administración. A pesar de su retórica liberal, los fondos actúan como parásitos de lo público. La vivienda es uno de los sectores más afectados por esta política de derribo. Durante los años 2004 y 2005 Alemania vendió su patrimonio de vivienda pública a los fondos. Estos habían visto en esa enorme privatización una oportunidad para lucrarse. En las diez mayores operaciones, los fondos compraron más de quinientas mil viviendas sociales por precios que rondaban los 40.000 € por cada una de ellas. Se trataba de los fondos que posteriormente aterrizaron en España: Blackstone, Cerberus, Oaktree y Fortress, así como los poderosos bancos de inversión Goldman Sachs y Morgan Stanley. En poco tiempo, estas empresas financieras vendieron los antiguos apartamentos sociales de Alemania a otras empresas del sector financiero. En veinte años esas viviendas han multiplicado en varias veces su valor, mientras se estaba incubando una fenomenal crisis de vivienda en el país. Fruto de esa situación es el referéndum planteado en Berlín con la pregunta de si la administración debía expropiar las viviendas de estos fondos. En él, los berlineses votaron mayoritariamente a favor de esa propuesta.

En el año 2010 la crisis de las hipotecas se llevó por delante a millones de hogares, promotoras inmobiliarias y entidades financieras en países como Estados Unidos, Reino Unido, Irlanda, Grecia, Portugal y España. La banca se hizo con las viviendas y los solares que actuaban como garantía de las hipotecas a los particulares y de los préstamos que había concedido a las promotoras inmobiliarias. Las pérdidas en el sector inmobiliario arrastraron a la banca. Como el estado terminó rescatando a las entidades financieras, las administraciones europeas pasaron a controlar millones de viviendas y solares de manera directa o indirecta. El gobierno podría haber utilizado esos millones de viviendas y solares con fines sociales dando así por terminada la crisis de la vivienda en Europa. Eso es lo que ha hecho el gobierno de China recientemente. En China el suelo es un bien público y las empresas públicas de vivienda han suplantado a las promotoras inmobiliarias para mantener la actividad constructiva. Sin embargo, los gobiernos europeos optaron por privatizar ese enorme patrimonio de vivienda iniciando una nueva fase de esta crisis social, esta vez relacionada con el alquiler. Cerberus o Blackstone colocaron a antiguos políticos y a personas influyentes en puestos clave para acceder a estas privatizaciones. El negocio para los fondos estaba servido.

Cómo las instituciones españolas, europeas e internacionales prepararon la llegada de los fondos al sector de la vivienda

El Banco Internacional de Pagos regula la actividad bancaria. Esta institución con sede en Basilea (Suiza) actúa como el banco central de los bancos centrales. Basilea identificó que la concesión de hipotecas a personas sin ahorros había sido la causa de la burbuja y de la crisis del año 2007. Esta se desencadenó porque mucha gente no podía estar al día de sus cuotas hipotecarias.

Para evitar que esta situación se repitiese, los Acuerdos de Basilea III establecieron que la entrada de la hipoteca alcanzase como mínimo el 20 % del valor del piso. La Unión Europea traspuso estos acuerdos a través de reglamentos en el año 2013. Desde entonces, no es rentable para la banca conceder hipotecas con entradas menores a esa quinta parte del valor del piso. Para comprar un piso de 200.000 € el comprador deberá tener en su cuenta 60.000 € contantes y sonantes: 40.000 € para la entrada, 10.000 € para los impuestos y unos 10.000 € más para los gastos aparejados a la compra. Teniendo en cuenta el precio de los alquileres, resulta muy difícil que una persona pueda ahorrar lo suficiente de su salario para aportar una entrada.

Esto ha hecho que el porcentaje de personas menores de 35 años que son propietarios de una vivienda haya pasado del 69 % en el año 2011 al 32 % en el año 2024, según los datos del Banco de España. De esta forma, el acceso a la propiedad ha quedado restringido en buena medida a quienes dispongan de una ayuda familiar. Quienes no tienen esa suerte suelen quedar expuestos a la codicia de un sector inmobiliario compuesto por caseros tradicionales, empresas inmobiliarias y fondos de inversión. Un negocio redondo a costa de impedir que muchas personas puedan desarrollar sus proyectos vitales.

El control sobre la concesión de hipotecas es necesario para evitar que se produzcan burbujas inmobiliarias que pongan en riesgo la economía de un país. De hecho, esta medida proviene de países como Francia y Alemania que sortearon la crisis hipotecaria gracias a ellas. Pero el control de la deuda debe ir acompañado de una serie de medidas para evitar la precariedad del inquilino. Entre ellas la creación de un parque de vivienda social relevante, el plazo indefinido en el contrato de alquiler y el control público de los precios. En suma, que el inquilino tenga una seguridad vital que sea equiparable a la del propietario.

Cuando llegó el Partido Popular al poder hizo justamente lo contrario. Redujo el periodo mínimo del alquiler a solo tres años con la intención de que los precios subiesen rápidamente. Lo consiguieron: en varias ciudades los precios del alquiler subieron un 50 % en el transcurso de unos pocos años. Así, quien pagaba 500 € mensuales de alquiler en el año 2015, podía ver subida la renta mensual a 750 € en el año 2018. Asimismo, eliminó los impuestos a las sociedades inmobiliarias (SOCIMI). Una empresa productiva debe entregar al estado una cuarta parte de sus beneficios. Sin embargo, una sociedad inmobiliaria, cuya finalidad es parasitar a los inquilinos, quedó exenta de pagar impuestos. La insistencia cansina en el discurso del trabajo duro se dirige a ocultar una realidad política que privilegia el rentismo en detrimento del esfuerzo.

Por su parte, la Unión Europea pactó con España el rescate de sus entidades financieras para que su quiebra no se propagase por Europa. Las condiciones del rescate se fijaron en un contrato firmado en el verano del año 2012, conocido como el Memorándum de Entendimiento. Ese contrato exigía la creación de la Sareb. El conocido como *banco malo* en realidad siempre ha sido una inmobiliaria pública. La Sareb disponía de 400.000 inmuebles, de los que la inmensa mayoría eran viviendas y solares. Sareb se los compró a las entidades financieras como Bankia que estaban en quiebra por un precio de 51.000 millones de euros. A pesar de que su capital eran solamente 4.800 millones de euros, la Sareb pudo pagar 51.000 millones de euros porque el Banco Central Europeo le concedió un préstamo por este importe. La finalidad de la Sareb era vender estos bienes en el mercado para ir devolviendo el préstamo con los ingresos provenientes de las ventas. «El banco malo nunca supondrá costes para los contribuyentes», declaró ufano Luis de Guindos.

Sin embargo, Luis de Guindos no añadió en sus declaraciones que el préstamo de la Sareb estaba avalado por el Estado. Todo lo que no devuelva la Sareb correrá por cuenta pública. Se trataba de una gran estafa: la empresa quebró a los pocos años de ser constituida. En el año 2020 su deuda de más de 31.000 millones de euros pasó a ser pública. Mientras tanto, se habían ido vendiendo con total opacidad los bienes de la Sareb.

La venta de los bienes de la Sareb se hizo de manera opaca a través de las inmobiliarias de los principales bancos. También han vendido una porción sustancial de los bienes de la Sareb las inmobiliarias de los fondos como Cerberus, Blackstone y KKR en condiciones que han permanecido ocultas. Estos fondos también han comprado grandes lotes de viviendas de la Sareb. A pesar del conflicto de intereses y de la enorme deuda pública que va a dejar, la Sareb jamás ha informado por qué precio ha vendido cada una de sus viviendas o sus solares ni ha dado nunca una dirección de los bienes que vendía. La gravedad de la venta fraudulenta de las 2.935 viviendas públicas de la Comunidad de Madrid palidece al lado de la privatización de la Sareb. Con ella la sociedad española ha perdido una oportunidad histórica de cambiar su sistema de vivienda. A cambio solamente ha recibido una deuda colosal.

Junto con los bienes de la Sareb, para los fondos era suculenta la venta de las viviendas que estaban en manos de los bancos. La normativa europea exigió a los bancos que vendiesen estos bienes antes de que terminase el año 2018. Quisieran o no, los bancos tenían que deshacerse de sus bienes inmobiliarios. Su volumen era tal que no podían venderlos a través de canales minoristas. Las instituciones habían brindado una gran oportunidad a los fondos.

Los fondos son las únicas entidades capaces de realizar compras en cualquier sector pagando un precio de cientos o de miles de millones de euros. La clave para disponer de ese potencial es que operan con el dinero de Wall Street. En las grandes operaciones de vivienda que han realizado en España, los fondos pusieron menos de la décima parte del dinero para financiar la compra. La gran banca internacional les prestó el 80 % del dinero necesario para hacer las grandes adquisiciones de viviendas de las que habla este libro. En este sentido, es importante señalar que las principales entidades financieras del mundo están detrás de los fondos: JP Morgan, Bank of America, Deutsche Bank o Credit Suisse fueron las entidades financiadoras de estas operaciones. Detrás de los fondos están los bancos más importantes del mundo, lo que les da un gran poder para mover los hilos de la política.

Los inversores en los fondos son personas muy adineradas, fondos soberanos de países productores de petróleo y sobre todo fondos de pensiones de Estados Unidos. En Estados Unidos las pensiones están privatizadas, por lo que los fondos de pensiones tienen una gran potencia. La FED puede crear de manera casi infinita dólares con los que rescatar a los fondos de pensiones porque el valor del dólar nunca se deteriora. El valor del dólar siempre se mantiene a flote porque Estados Unidos exige al resto del mundo que el petróleo se venda y se compre en dólares. Debido a la dependencia que tenemos de este líquido, todos los países tienen que comprar dólares para que sus máquinas puedan funcionar. Así, el dólar nunca pierde su valor por más que Estados Unidos importe mucho más de lo que exporta y presente cada año un gran déficit en sus cuentas públicas. De esta manera, los fondos de Wall Street pueden comprar todo lo que esté en venta. No es solo economía:

los fondos son una realidad política sustentada sobre la hegemonía militar de Estados Unidos.

En España el papel de los fondos ha consistido fundamentalmente en hacer de enlace entre el Estado, la banca y los caseros en la privatización de las viviendas públicas. Han comprado viviendas de la banca y las han vendido a particulares para su uso, pero en gran medida han vendido las viviendas a inmobiliarias locales y a particulares que han visto la oportunidad de convertirse en caseros. Los fondos y los caseros, con formas societarias más o menos complejas, han creado una gran inestabilidad en las ciudades españolas por las subidas constantes del precio del alquiler.

La crisis de la vivienda se podría haber resuelto si el Estado hubiera utilizado los solares y las viviendas para crear un parque de vivienda social. Sin embargo, optó por malvenderlas a los fondos oportunistas. Estas entidades parasitarias han provocado inestabilidad. Ese caos se manifiesta en el gran número de desahucios y en el sobreesfuerzo que deben hacer los inquilinos para afrontar el alquiler. Detrás de los beneficios de los fondos están las dificultades para la emancipación de la gente joven, el descenso de la natalidad y la pérdida del derecho a la ciudad, que se ha convertido en una mercancía para el provecho financiero.

Como son conscientes del daño que causan a la sociedad los fondos desean pasar desapercibidos. El antiguo consejero delegado y propietario de Cerberus, Steve Feinberg, es conocido por su obsesión por la discreción. Donald Trump lo ha designado vicesecretario de Defensa para su segundo mandato. En una convención dijo que «si aparece la fotografía de algún miembro de Cerberus en el periódico junto con una fotografía de su casa, haremos algo más que despedir a esa persona. La mataremos. La condena merecerá la pena». Aunque lo dijo en un ambiente distendido y en tono jocoso, podemos añadir en ese tono que «entre broma y broma la verdad asoma». Por este motivo es tan importante este libro de Gonzalo. Su investigación sobre los fondos y quienes están detrás de ellos es pionera en España, ya que hasta ahora sabemos muy poco sobre las opiniones de las personas que están detrás de los fondos.

No quiero terminar el prólogo sin señalar que hay esperanza en que este sistema de vivienda cambie. Hace veinte años la respuesta a la crisis de vivienda era puramente individualista. En muchos casos, la única solución parecía ser comprar viviendas en zonas alejadas para asumir los gastos desmesurados de la hipoteca. Más allá de la queja por aquella situación abusiva, no había una articulación colectiva de las demandas de vivienda. Sin embargo, desde hace unos años se está articulando una contestación social organizada porque mucha gente no tiene otra alternativa que ser inquilina. A corto plazo no parecen probables los cambios estructurales porque hay demasiado dinero en juego. En los próximos años habrá una fuerte conflictividad social, ya que este sistema de vivienda tan dañino para la sociedad solamente puede ser cambiado con soluciones colectivas. En ellas debemos confiar.

Manuel Gabarre de Sus

Abogado especialista en delitos económicos
y derecho a la vivienda

La banca en la sombra

María tenía sólo 15 años cuando abrió la puerta. Eran dos hombres trajeados y de mirada fría. Ni la amenazaron ni le hablaron de malas maneras, pero cuando Teresa llegó de trabajar su hija aún estaba temblando de miedo. Le habían dejado un trozo de papel con un teléfono escrito a bolígrafo. «De parte de "la propiedad". Llámenos».

Hic sunt dracones (Aquí hay dragones) es una frase utilizada en mapas antiguos para referirse a territorios inexplorados y peligrosos, de acuerdo a la práctica medieval de poner serpientes marinas en esas zonas desconocidas. Igual que entonces, los grandes movimientos de dinero se hacen en la sombra. Así, de espaldas al control público, es como los fondos de inversión americanos —también llamados fondos buitre— desembarcaron en España para comprar el país y convertir el derecho a la vivienda en un privilegio. *Hic sunt buitres.*

Los desahucios en los barrios trabajadores, la habitación que se alquila a 500 euros más gastos, los apartamentos turísticos que parasitan las ciudades, los alquileres que nunca bajan o las benzodiazepinas que toma la madre a la espera de desahucio. Todo sigue un sendero de empresas filiales que va desde el bolsillo de los trabajadores a los balances de los grandes fondos buitre en Nueva York. Si el ayer es una deuda y el mañana un tipo de interés, es por estos nuevos amos del tablero financiero que coleccionan nuestras vidas en sus portafolios.

En algún punto del camino todo ese dinero se pierde en paraísos fiscales. Los fondos obtienen jugosas rentabilidades mientras aquí la vivienda alcanza unos precios asfixiantes. La mordida de los fondos en las ciudades tiene como consecuencia que la sociedad se empiece a dividir en dos clases: rentistas e inquilinos. Esta es la crónica de una industria que hace de tu barrio su negocio.

Blackstone, Cerberus o Lone Star son imperios sin fronteras nacidos de la deuda. Sus armas no son buques de guerra ni bombas, sino contratos. Los financieros de Nueva York o Londres consiguen que cientos de miles de personas de sitios muy distintos tributen para ellos sin haberlos visto nunca, creando una auténtica industria depredadora de las ciudades. Una banca en la sombra. Como afirma la socióloga Saskia Sassen,[1] el funcionamiento de estos fondos se asemeja a la explotación de una mina. Una mina se abandona cuando se agota la veta del mineral, dejando herida la montaña. Para entenderlo hay que pensar en Blackstone como algo radicalmente distinto a una caja de ahorros. Estas entidades locales tenían un vínculo con el territorio que podía remontarse por generaciones, y un interés por mantener una buena imagen, pues necesitaban clientes que depositaran su dinero. Por contra, los fondos buitre aceptan su mala reputación, ya que no les importa lo que dejan atrás. Los desahucios sin alternativa habitacional, las subidas brutales de los precios del alquiler, la infestación de un distrito con pisos de alquiler de temporada Todo ello tiene como consecuencia que la convivencia de los barrios salte por los aires, y con ello su identidad, sus relaciones comunitarias y su paz social. Antes de aterrizar en un sitio, Blackstone o Cerberus ya piensan en cómo irse.

Los desahucios a familias ya no se organizan en la sucursal del barrio, sino en un despacho en Nueva York. Los ordena un fondo que tiene tal cantidad de viviendas que no sabe ni cuántas ni dónde las ha comprado. Los fondos, aunque inviertan en vivienda, no son inmobiliarias, son empresas financieras. Eso quiere decir que su objetivo es ganar la mayor cantidad de dinero en el menor tiempo posible para dar rentabilidad a sus inversores. Suelen ser ciclos de cinco o siete años, el llamado «ciclo Blackstone» que el fondo inauguró precisamente en España, su mercado más jugoso.

---

1 La autora desarrolla la teoría del «extractivismo urbano» en su libro *La ciudad global.*

Esta es la nueva realidad de los barrios trabajadores de València, donde el «fondo buitre» aparece en la pescadería o mientras las vecinas hacen la compra. Este nuevo dueño del tablero ya no negocia, no atiende, no tiene una dirección física y no renueva alquileres. Son gigantes, pero también son fantasmas que sobrevuelan los barrios. Tanto Divarian como Promontoria Coliseum son dos filiales de una matriz llamada Cerberus Capital Management L.P. O lo que es lo mismo, un depredador de ciudades con varias cabezas, pero sin sede ni trabajadores en nómina. Pero Cerberus no es el único, hay más.

A mediados de los ochenta, nacieron en Wall Street una serie de empresas financieras con el objetivo de comerciar con la deuda y las necesidades básicas de la población. Estas compañías son conocidas como *fondos buitre*[2] y hacen negocio con derechos como la vivienda, la salud o la educación. Sin embargo, hay muy poca información sobre cómo funcionan estas compañías. Una cosa que sí sabemos es que los fondos buitre han sustituido a los bancos como principales promotores de los desahucios.

Los hilos de la operación

El desahucio de Teresa y de su hija, en el barrio obrero de Orriols, fue orquestado desde un despacho de Nueva York. Ellas eran sólo un número en los balances. Los hilos de la operación llegan a la Comunitat Valenciana, pero al tirar de ellos se viaja por medio mundo. Todo empieza en unos despachos de la Gran Manzana, pasa por algún paraíso fiscal, aterriza en Europa gracias al régimen de cooperativas de Holanda (con impuestos casi nulos) o empresas de Luxemburgo y llega a España a través de transferencias entre empresas sin trabajadores y préstamos a muy bajo interés, según los informes publicados por especialistas en delitos económicos del Observatorio DESC, como el abogado Manuel Gabarre de Sus.

---

2 El apodo «fondos buitre» —aunque es más correcto referirse a ellos como *fondos de inversión* o *fondos oportunistas*— se lo pone la propia industria financiera en los años ochenta por sus cuestionables prácticas y mala fama.

Pongamos el ejemplo de Cerberus, uno de los mayores caseros del Estado. Es un fondo estadounidense que nace en 1992. Posee treinta mil millones de euros y numerosos negocios de todo tipo: es el propietario de la marca de coches Chrysler, pero también de un poderoso *holding* de empresas armamentísticas llamado Freedom Group, entre las que se incluye la famosa Remington. Pero uno de sus negocios más lucrativos es la empresa de mercenarios Dyncorp, por la que ha llegado a recibir tres mil millones de euros al año por parte de EE. UU. y que ha estado presente en países como Afganistán.

Como explica Gabarre, Cerberus tiene grandes conexiones con el Partido Republicano de Estados Unidos que rozan incluso los conflictos de interés. Su director de inversiones globales, Dan Quayle, fue vicepresidente de EE. UU. entre 1983 y 1993, con Bush padre, y lleva en la compañía desde 1999. Está acusado de soborno al primer ministro irlandés, que se vio envuelto en la venta a este fondo de decenas de miles de viviendas rescatadas a los bancos durante la crisis de 2008, y presuntamente también por cobrar una mordida por ello en la llamada «Operación Eagle».

Su codirector, John W. Snow es miembro del Partido Republicano de EE. UU. y fue secretario del tesoro entre los años 2003 y 2006, uno de los puestos de mayor responsabilidad en el estado americano. También trabajó en Goldman Sachs y ahora se encarga de diseñar la política fiscal de este fondo oportunista. Por último está el CEO de Cerberus, Stephen Feinberg. Gabarre asegura que tiene tanto poder en la compañía que «se confunden sus otras empresas con las del propio Cerberus». Fue asesor económico en la campaña que elevó a Donald Trump a la presidencia de los EE. UU. en 2016, y le donó 1,5 millones de dólares. Después de esto, en 2018, fue designado miembro del panel de expertos en inteligencia de la Casa Blanca.

Cerberus no es una inmobiliaria; es una empresa financiera. Su objetivo es ganar la mayor cantidad de dinero en el menor tiempo posible y ahora ha puesto el ojo en las privatizaciones y en los bienes de primera necesidad como la vivienda, que han demostrado ser muy rentables. La compañía ha tenido errores y aciertos. El principal fallo —y el que casi le lleva a la ruina— fue la compra de Chrysler por 7,4 billones de dólares en 2008. En 2009 tan solo valía 1,4 billones de dólares. La nefasta inversión en la marca de coches llegó al mismo tiempo que la compra de Freedom Group y los beneficios de esta última fueron los que evitaron la caída de este gigante financiero. Otra de sus inversiones más rentables fue la compra en 2004 (en la que también participó Goldman Sachs), de la GSW Inmobilien AG, el parque público de vivienda de Berlín, que contaba en su haber con 60.000 viviendas y por el que pagó solo 405 millones y pudo vender a otros fondos más pequeños por muchísimo más en 2011. Recientemente los habitantes de Berlín votaron en referéndum recuperar esas viviendas que algún día fueron públicas para evitar la escalada de precios.

Según Gabarre, Cerberus tomó buena nota de estas inversiones. Se dieron cuenta de que «la economía real va mal, y debían poner el foco en las privatizaciones». Y no fueron los únicos que lo hicieron. Los estertores de la crisis financiera le dieron a este fondo buitre la oportunidad perfecta de volver a meterse en el jugoso negocio de la vivienda. Los bancos poseían una ingente cantidad de inmuebles procedentes de préstamos impagados o de los propios rescates del estado, y al mismo tiempo necesitaban dinero. La respuesta de los estados ante esto fue crear los «bancos malos» (el caso de la Sareb en España). Estos instrumentos absorbieron los activos tóxicos, es decir, préstamos impagados que difícilmente iban a cobrarse, con el objetivo de venderlos.

Una decisión del Banco de Pagos Internacional (el banco central de los bancos centrales), puso la alfombra roja a los fondos buitre. Los acuerdos de Basilea (ciudad en la que se sitúa la entidad), obligaban a las entidades financieras a deshacerse de todos estos activos tóxicos en sus balances antes del año 2019. Una oportunidad perfecta para que empresas como Cerberus, Blackstone o Lone Star entraran en nuestras ciudades.

Los fondos buitre compraron alrededor de un millón de viviendas en España en una de las mayores y más lucrativas privatizaciones de la historia, según estimaciones de Manuel Gabarre. Hoy en día, buena parte de esas viviendas ya están vendidas a fondos de menor envergadura que continúan con el ciclo de la especulación (apartamentos turísticos, alquileres disparados o arrendamiento por habitaciones). La gentrificación y la turistificación son dos fenómenos íntimamente ligados al aterrizaje de estos fondos en España, y las consecuencias son —dicho por directivos de estos fondos que prefieren ser anónimos— que la sociedad corre el peligro de dividirse entre rentistas e inquilinos.

Un hilo de Nueva York a Alicante

Pero volvamos a Cerberus. Este fondo hizo una inversión de ocho mil millones de euros en la compra de vivienda en Europa, sobre todo en Italia, Irlanda y España en el año 2019. Cuenta con 400.000 casas en estos tres países, y su objetivo es venderlas a un precio mayor que el que sacaron de unos bancos obligados y apremiados a deshacerse de ellas.

La empresa estadounidense consiguió establecerse en España mediante contactos políticos. Estos eslabones fueron el hijo de José María Aznar y Ana Botella (José María Aznar Jr), y el hijo menor de los Pujol, Oleguer Pujol, en Madrid y Cataluña respectivamente. Pero hay muchísimos más, ya que una característica común de estos fondos es su capacidad para montar grupos de presión o *lobbies*.

Las principales adquisiciones fueron a Sabadell, Santander y BBVA. Por esas compras Cerberus llegó a poseer unas 150.000 viviendas en España, siendo uno de los grandes caseros del país. Además de la gestión durante nueve años de los 40 mil millones en vivienda de la Sareb a través de su *servicer* Haya Real Estate, en un caso que podría considerarse un conflicto de intereses.

Así, el fondo tiene tres grandes filiales en función del banco al que compró los pisos. La primera y más importante es Promontoria

Coliseum, que tiene en su haber 61.000 viviendas procedentes, según considera Gabarre, de una privatización encubierta. Y lo cierto es que gran parte de esas viviendas fueron públicas, y la mayoría en la Comunitat Valenciana.

La Caja de Ahorros del Mediterráneo (CAM) quebró, dejando atrás un reguero de decenas de miles de clientes hipotecados o con todo tipo de deudas, especialmente en Alicante, pero en general en toda la Comunitat Valenciana. El Gobierno se vio obligado a pagar un rescate bancario de 12.598 millones de euros.

Al año siguiente, en junio de 2012, el Banco Sabadell absorbió estos activos de la CAM por un euro. Todos los clientes de la CAM, una de las cajas que financiaban el acceso a la vivienda de muchísimas personas de clase trabajadora, pasaron a manos del Banco Sabadell, interesado especialmente en la red de oficinas de la entidad de ahorros por todo el territorio valenciano. Durante los siguientes años de crisis, muchísimos deudores dejaron de pagar sus hipotecas.

La situación en casa de Teresa, vecina del barrio de Orriols, en València, es crítica: su marido se queda sin trabajo de soldador y ella tan solo gana 450 euros al mes limpiando casas. Dejan de pagar la hipoteca para poder comer y pronto les llega la demanda de desahucio. Sin embargo, gracias a su abogado negocian una dación en pago (es decir, entregar la casa pero quedar libre de deudas). Además, el Sabadell les haría un alquiler asequible en ese mismo piso por cinco años. El banco repitió esta fórmula con una enorme cantidad de clientes de la CAM, que acabaron ahogados por las cuotas. Aunque las casas ya no eran de esas familias, el banco las mantenía alquiladas dentro.

Todo esto fue así hasta que en diciembre de 2019 (justo antes de que Basilea cerrara el plazo), el Sabadell cerró la venta de tres carteras de 6.414 millones a Coliseum Real Estate —filial de Cerberus—, por 2.909 millones. Sabadell se reservó un 20 % de la cartera, ya que es el máximo que permitía el Banco de Pagos Internacional y también el derecho de vender estas casas restantes al fondo.

Gabarre sostiene que todo este proceso se trató de una privatización encubierta. Esas 61.000 viviendas tuvieron un coste de 12.598 millones de rescate público, pero acabaron siendo compradas por Cerberus por 2.909 millones. A 47.000 euros la vivienda. Un buen negocio para la industria depredadora de las ciudades.

No se puede mover tantísimo dinero de unas manos a otras sin que pase nada. Y el final de esta historia se materializa con un hombre alto y bien trajeado que camina por los barrios trabajadores de València. En Orriols —un distrito históricamente obrero— un tipo así destaca. Suelen andar con una maleta, un bolígrafo en la solapa y entran en varios portales tras examinar la fachada a ojo algunos minutos antes de introducirse. Aparecieron a finales de 2020, y son los mensajeros puerta a puerta de Cerberus y otros fondos. Aquel día Teresa no estaba en casa, y fue su hija María, de 15 años, la que abrió. «Sabes que tenéis que iros, cuando se acabe el contrato va a venir la policía. No estáis viviendo de manera legal, así que mejor que tu madre coja este dinero y se vaya». Nunca amenazan ni hablan de malas maneras, pero su presencia intimida a una persona humilde que teme ser desahuciada. No hace falta que te golpeen para hacerte daño.

La visita es lo primero que sucede. A unos 15 kilómetros de distancia, en el barrio del Cabanyal, los que llamaron fueron dos hombres. «Nunca te dicen para qué empresa trabajan, dicen que son abogados de la propiedad y que te tienes que ir, porque ellos no negocian y tienes las de perder. Les pedí alguna identificación, pero no me dieron ninguna, solo el papel y el teléfono. Llamé, pero no contestó nadie», explica Sara, una vecina del Cabanyal.

«Esa gente no negocia de ninguna de las maneras, solo te presiona hasta romperte. Cada semana me llama una mujer de muy malas maneras a ofrecerme dinero y a decirme que soy una okupa, que no tengo derecho a estar en la vivienda». Ella le responde: «Necesito un techo para mis hijos, no dinero». Teresa es de uno de esos barrios con pisos que algún día fueron de protección oficial, de los de ladrillo visto y toldo verde. Barrios que empezaron a ser tomados por los fondos a finales de 2020 o principios de 2021 cuando empezaron a levantarse las restricciones por la pandemia. «Desde entonces veo que hay muchísimos pisos vacíos, con puertas metálicas y alarmas», explica Teresa.

Pero todavía quedan dos grandes operaciones de Cerberus por explicar. Una es la creación de Global Licata SL y Global Pantelaria SL, donde el fondo hizo lo propio con las viviendas que Banco Santander estaba obligado a deshacerse. Se hicieron con 26.408 viviendas por un coste de 1.106 millones. A 42.000 euros por vivienda.

La otra gran compra fue Divarian, creada con las viviendas basura del BBVA, provenientes a su vez de Caixa Catalunya. El fondo compró otras 61.994 viviendas, por un precio de 2.295 millones y el BBVA se reservó el 20 %. Pero el coste del rescate bancario en su día fue de 12.686 millones de euros para el Estado. Cerberus compró cada piso por 37.000 euros.

Con estos ingredientes se forma la receta perfecta para los desahucios invisibles que se viven cada día en las ciudades. Las estadísticas judiciales publican el número de lanzamientos, pero no quien los insta, lo que hace todavía más difícil localizar a estos fondos. Sin embargo, según las fuentes judiciales y municipales consultadas, estas empresas sustituyeron hace años a los bancos como principales promotores de los desahucios. Se trata, en su mayoría, de impagos del alquiler, lo que produce muchísima más indefensión en los inquilinos y hace que, en la mayoría de los casos, se vayan sin oponer resistencia. El principal caso y el que más impacto social ha tenido en los últimos años es el de los alquileres firmados por el Banco Sabadell. «Son la gran mayoría de casos que vienen. Cuando una persona llega a la oficina y dice que tiene un contrato de alquiler con el Sabadell y se le acaba ya nos esperamos que salga el nombre: Promontoria Coliseum (Cerberus). Muchísima gente está llegando por este problema», cuenta una trabajadora del Ayuntamiento de València.

«El objetivo de estos fondos es vaciar todas las viviendas y venderlas troceadas a otros fondos más pequeños para sacar dinero», cuenta Gabarre. Por eso tanta insistencia en echar a la gente de las casas. Esta es la nueva historia que empieza a contar la ciudad de València, con un guion en el que los vecinos de toda la vida son prescindibles.

Alfombra roja para los fondos oportunistas

Hasta hace unos años, los dueños de la vivienda en València no tenían ni un solo trabajador en nómina. Antes eran tres fondos de inversión titánicos, ahora son una miríada de pequeños fondos que hacen lo mismo pero a pequeña escala y en una cadena de reventas de deuda que puede pasar por muchísimas manos.

Pero volvamos a los fondos grandes, porque es importante contar cómo se crearon. Primero, los bancos segregaron sus activos tóxicos que debían vender y los metieron en sociedades exentas de la mayoría de impuestos (SOCIMI). Una vez creadas, las engordaron y luego vendieron el 80 % de estas a los fondos buitre. Ellos se quedaron con el 20 % restante y una cláusula para poder venderlo en cualquier momento. Pero lo más importante es la forma en la que hicieron la transacción, ya que con este vehículo se ahorraron pagar el impuesto de plusvalía, el impuesto de transmisiones o las tasas de inscripción en el Registro de la Propiedad. En este gran desembarco podemos identificar tres grandes fondos oportunistas: Cerberus, Blackstone y Lone Star. Los tres, fondos estadounidenses. El gran capital de estos fondos surge de fondos de pensiones privados, aunque la mayoría llega a través de inversores y préstamos de bancos.

Cerberus compró casi 150.000 viviendas en toda España. El fondo americano compró 61.994 activos tóxicos al BBVA, muchos de ellos provenientes de Caixa Catalunya. Con ellos creó la cartera de Divarian. Por otro lado, compró 61.000 propiedades del Banco Sabadell, la mayoría de la extinta CAM, para crear Promontoria Coliseum y Promontoria Challenger. Por último, compró 26.408 pisos al Banco Santander y creó tres filiales: Manzana, Global Licata y Global Pantelaria.

Blackstone es el segundo fondo en disputa. Este es el que tiene más presencia en Cataluña, ya que se hizo con una cartera de 102.500 viviendas de la extinta Caixa Catalunya. Además, compró 120.000 bienes (80.000 viviendas y 40.000 en préstamos) al Banco Santander y creó la filial Quasar Project Quasar Holdco. En total, Blackstone llegó a ser el mayor casero de España, con 222.500 viviendas en toda la península.

Queda por último Lone Star, que en 2018 compró 77.000 viviendas a Caixabank, para crear el fondo oportunista Coral Homes. El origen de estos activos estaba en el Banco de Valencia, Banca Cívica y BMN. En total, los fondos oportunistas compraron 440.000 viviendas en toda España en el año 2018. En la Comunitat Valenciana ya se conocen casos de todas las filiales mencionadas.

Todos los bancos se reservaron en su día porcentajes de entorno al 20 % en las sociedades participadas por los fondos. Y no es solo por una cuestión de mantener viviendas, también se han documentado multitud de casos de bancos españoles que acosan y llaman a los inquilinos de una vivienda insistentemente, a pesar de que la vendieron a uno de estos fondos y ya no figuran como propietarios.

Así llega el dinero a España

Algunos trabajos, como el de Manuel Gabarre, han documentado las entrañas de la operación y la llegada del dinero de Cerberus a España a través de Países Bajos. Esto se ha contrastado con medios propios a través de registros de índices.

El fondo buitre sólo pone un 20 % del dinero, mientras que el resto viene de prestamistas (suelen ser otros fondos) y bancos. El camino del dinero es el siguiente: Cerberus Capital Management L.P tiene sede en Nueva York, y pasa cientos de millones de euros a paraísos fiscales que es imposible conocer. De esos paraísos fiscales, el dinero aterriza en Países Bajos, donde su régimen de cooperativas está prácticamente exento de impuestos para los beneficios.

El dinero se traslada a Promontoria 58 Cöoperatie U.A., de ahí a Promontoria Holding 265, B.V. y luego a Promontoria Holding 266, B.V. Tras esto, el dinero por fin llega a España y se deposita en Promontoria Macc Holdco, S.L., y finalmente en Promontoria Challenger S.L. y Promontoria Colliseum, sus dos filiales.

Como se puede documentar a través de índices de registros publicados por el propio Gabarre, ninguna de las cinco empresas por las que pasa desde que aterriza en Holanda hasta que llega a España tiene un solo trabajador en nómina. En Países Bajos recibe la inyección de los inversores, y el gran préstamo, de 2,3 mil millones del Deutsche Bank y Bawag, a la empresa española. En realidad, solo 175 millones de euros provienen del propio fondo, los restantes 470 son de prestamistas y el resto de bancos.

Feinberg, el CEO de Cerberus, compró por 40.000 millones en 2017 el 3 % del Deutsche Bank para convertirse en su mayor accionista, además del 5 % de las acciones de Commerzbank, el segundo mayor banco alemán, lo que le permite tener una silla en las reuniones con los directivos y, sobre todo, acceso al dinero al 0 % del Banco Central Europeo (en aquel entonces) a otras entidades bancarias.

Sin embargo, estos préstamos tienen fecha de caducidad para presentar los beneficios a los inversores y dueños. Porque el objetivo de todas estas empresas, y esto es clave, es extinguirse rápidamente, no firmar alquileres de siete más tres años como marca la ley. Por eso no negocian.

Divarian tenía que devolver el préstamo el 10 de octubre de 2023, Promontoria Coliseum el 19 de diciembre de 2024 y Global Licata el 24 de marzo de 2024. Todos, a consecuencia de la pandemia, han aumentado el plazo aunque ya han vendido a otros fondos más pequeños la mayoría de las casas.

En resumen, la estrategia de estos fondos es comprar vivienda a precio de remate y venderla en menos de cinco años, ganando mucho dinero por el camino. Y todo ello con una estrategia de silencio y de opacidad. «Esto no nos interesa que se publique», es el único comentario que se ha conseguido tras meses preguntando insistentemente por los canales oficiales a fondos y bancos que guardan el 20 % de la cartera. Ninguno ha querido hacer declaraciones. Sin embargo, boletines internos de Haya Real Estate (gestora de Cerberus y ahora de Intrum), reafirman este plan de inversión. Por otro lado, varios directivos de estos grandes fondos que han accedido a hablar con la condición de preservar su anonimato, aseguran que esa es la estrategia. Las intenciones de los fondos están claras: no aparecer en ningún mapa.

Blackstone: el mayor casero del país

Blackstone es el mayor casero de España y uno de los más importantes de la Comunitat Valenciana. Como Cerberus, desembarcó en Europa aprovechando la crisis inmobiliaria. Esta empresa, nacida a mediados de los ochenta, se ha convertido en el fondo buitre con peor reputación. La situación llegó hasta el punto de que el Gobierno socialdemócrata de Dinamarca llamó «Ley Anti-Blackstone» a una de las normas que promulgó a principios de 2020 para proteger al inquilino. El ministro de Vivienda danés, Kaare Dybvad, llegó a calificar a Blackstone como un «inversor infame» por su modelo de negocio. Concretamente le acusó de explotar «agujeros» en las leyes existentes para aumentar los alquileres.

Al igual que Cerberus, Blackstone también se ha granjeado conexiones políticas que le permiten abrir puertas y desbloquear una gran financiación. Uno de los dos fundadores de Blackstone, Stephen Schwarzman, presidió el Foro Estratégico y de Políticas que asesoraba a Donald Trump, y el otro fundador, Peter Peterson, había sido secretario de Comercio durante la administración de Nixon.

Blackstone utiliza sociedades instrumentales o *socimis* (instrumentos financieros con importantes beneficios fiscales) para organizar sus negocios. Algunas de estas sociedades son las demandantes de los desahucios, igual que hacen el resto de fondos. Entre ellas destacan Testa Residencial, Inversiones Inmobiliarias Limara,

Aliseda o Quasar Project Quasar Holdco SL. En otros territorios hay otras sociedades, por ejemplo, en Catalunya destaca Budmac Investments SLU I y II. Estas fueron las dos sociedades creadas para agrupar las hipotecas morosas de Caixa Catalunya. Sin embargo, este es sólo un pequeño ejemplo del enorme número de sociedades que gestiona, una telaraña financiera casi imposible de desentrañar y más difícil aún de rastrear.

En 2015, Blackstone compró 102.000 préstamos morosos. En total, 15.560 eran impagos de tarjetas de crédito, préstamos con garantía personal (23.900) e hipotecas (60.960). La mayor parte de estos préstamos pertenecían a personas que vivían en Barcelona o alrededores. Sin embargo, hay que tener en cuenta que Caixa Catalunya acababa de ser rescatada por el Estado con 12.000 millones de euros (15.400 millones de dólares). Blackstone pagó 3.598 millones por ese paquete de deuda en, según considera Gabarre, otra enorme privatización encubierta.

La estrategia de Blackstone era ejecutar esas hipotecas para poder quedarse con los pisos que estaban de garantía de los créditos. Es decir, cuando la persona dejaba de pagar un número determinado de cuotas, el fondo se quedaba con la vivienda y el inquilino con una deuda que le impediría levantar cabeza de por vida y lo incluiría en los registros de morosos, haciendo imposible que pudiera pedir cualquier otro crédito.

Este es el *modus operandi* de la mayoría de los fondos a excepción de una de las filiales de Cerberus (Promontoria Coliseum). Al tratarse de pisos que venían del Banco Sabadell, se trataba de inquilinos y no deudores, ya que este banco fue de los pocos que aceptó realizar daciones en pago y alquileres sociales. Es decir, cuando una familia perdía el piso el Sabadell se quedaba con la vivienda pero, al contrario que Blackstone, consideraba saldada la deuda. Además, ofrecía un alquiler asequible a esa familia en la casa, que ya era de su propiedad. Esto era así hasta 2021, cuando Cerberus comenzó a no renovar ninguno de los contratos de alquiler para echar a la gente a la calle y quedarse con las viviendas.

Blackstone es el segundo fondo buitre que más vivienda ha comprado en Europa en la última década. Sólo en España, Blackstone se ha hecho con al menos 146.320 viviendas y 81.095 préstamos, junto con una masa indeterminada de suelo edificable y promociones. Su modelo de negocio sigue generando a día de hoy miles de desahucios. Blackstone es un imperio sin fronteras nacido de la deuda, y sus fundadores son altos ejecutivos provenientes del banco de inversión Lehman Brothers.

¿Quiénes son los inversores de estos fondos? Para empezar, la gran banca que financiaba el 80 % de la operación. El negocio era simple durante los últimos años: tomaban el dinero prestado del Banco Central Europeo con un 0% de intereses y se lo prestaban a los fondos al 4%. Gestores de patrimonios millonarios, fondos soberanos de países petroleros, y, fundamentalmente, ciudadanos estadounidenses que meten sus ahorros en fondos de pensiones privados completan los inversores. Bomberos, profesores o abogados financian sin saberlo esta industria cuyo modelo de negocio provoca miles de desahucios al año sólo en España. Como las pensiones son privadas en Estados Unidos, estos fondos atesoran muchísimo capital que debe tener rendimientos, con lo que los fondos de inversión utilizaron parte de ese dinero para invertir en vivienda. Esto, aunque suene contradictorio con lo explicado anteriormente, sí que preocupa a los directivos de los fondos, que explican que «si los bomberos de Nueva York descubrieran que su dinero financia desahucios en Valencia quizá no querrían que se invirtiera aquí».

El desembarco de los **fondos buitre en España**

Divarian Propiedad S.A.
N° de bienes: **61.944**
10/10/2018

Coliseum Promontoria Challenger S.L.
N° de bienes: **61.000**
09/07/2018

Coral Homes S.L.
N° de bienes: **77.000**
28/06/2018

Quasar Holdco S.L.
N° de bienes: **120.000**
21/03/2018

Global Licata S.L.
Global Pantelaria S.L.
N° de bienes: **26.408**
05/12/2018

Venta de hipotecas de Caixa Catalunya a Blackstone
N° de bienes: **102.055**
14/04/2015

Sociedades de **Cerberus**

Sociedades de **Lone Star**

Sociedades de **Blackstone**

Cerberus y Blackstone invierten el capital que han acumulado en sectores en los que han visto que hay posibilidades de obtener grandes beneficios en un plazo de cinco años. Uno de ellos es la vivienda. Una vez acabado el plazo, los gestores liquidan el fondo, devolviendo a los inversores su dinero con la rentabilidad pactada. Del mismo modo, los ejecutivos devuelven a los bancos el dinero prestado. En este esquema, apunta Gabarre, «quien puede obtener los mayores beneficios es el gestor del fondo, es decir, Blackstone. Un gestor que con muy poco dinero puede obtener grandes ganancias. Esto ha sucedido con las inversiones de los grandes fondos oportunistas en viviendas europeas. Allí, estos fondos han obtenido una rentabilidad extremadamente alta mientras la vivienda alcanzaba unos precios insoportables».

José Luis González, portavoz de la Plataforma de Afectados por la Hipoteca (PAH), lo explica así: «Los fondos buitre vendieron sus pisos a otros fondos más pequeños con voluntad de especular, normalmente a través de oficinas de abogados o gestoras que actúan en su nombre. Lamentablemente, casi nada ha sido comprado por las administraciones pese a que muchas podían ejercer un derecho de tanteo. ¿Cómo si no se explicaría la proliferación de pisos y apartamentos turísticos y la subida enorme de los precios de los alquileres? Es un mercado vampiro, para que unos tengan rentabilidades, otros tienen que acabar en la calle».

Los desahucios de Sara y Teresa, los directivos de los fondos, las privatizaciones. Todo tiene un hilo conector que dibuja la urbanista y ex relatora de Naciones Unidas para la vivienda Raquel Rolnik.[3] Para ella, la vivienda dejó de ser un bien social para convertirse en una mercancía más, que empezó a crear una masa de pobres urbanos «sin lugar». Los gobiernos locales dejaron de ser administración para convertirse en «ciudades emprendedoras» que buscan atraer inversión como sea. La ciudad ya no se planifica en base a las necesidades de los ciudadanos, sino en base al rendimiento econó-

---

3 Raquel Rolnik, *La guerra de los lugares: la colonización de la tierra y la vivienda en la era de las finanzas*. Descontrol Editorial, 2015.

mico de megaproyectos gestados por actores privados. La ciudad se transforma en una empresa dedicada a la extracción de renta sin sitio para ninguna política social. Esto es lo que Rolnik denomina «la guerra de los lugares», y como en toda guerra hay confrontación entre quienes entienden las ciudades (los lugares) como parte de las finanzas internacionales, y los que quieren romper ese «highest and best use» y defienden la vivienda digna universal para todo el mundo. Los «sin lugar» contra los imperios sin fronteras de los fondos de inversión.

El *shock* inmobiliario

En las últimas décadas el poder financiero ha conseguido dominar el sistema de la vivienda a través de un proceso conocido como «financiarización». «En una sociedad empobrecida que consume menos resulta más difícil obtener beneficios. En consecuencia, los fondos se han orientado a explotar directamente a la ciudadanía, tomando el control de las necesidades básicas. El agua, la electricidad, la sanidad o la vivienda han ido cayendo en manos de los fondos», resume Manuel Gabarre.[4]

La «financiarización» es el proceso por el cual la vivienda y otras necesidades básicas se han convertido en una mercancía para beneficio del sector financiero. En un principio la financiarización de la vivienda se basaba en las hipotecas. Los bancos agrupaban hipotecas y las vendían como deuda en los mercados financieros como un producto único. En este producto había hipotecas solventes e insolventes, que en EE. UU. se denominaron *subprime*. Así, los mercados financieros inflaban la burbuja inmobiliaria, ya que los bancos conseguían más liquidez para conceder hipotecas.

Apostar con dinero prestado permite multiplicar los beneficios cuando las cosas van bien. Esta herramienta, conocida como apalancamiento, permite hacer grandes inversiones con muy poco capital. Si estas inversiones salen bien el beneficio es muy alto. Es decir, que con poco dinero se puede ganar mucho. Por contra, si se tuerce el negocio los inversores no podrán devolver el préstamo y su propio capital no puede cubrir las pérdidas puesto que es muy pequeño. Así, la financiarización es —según Gabarre—«una

---

4 Manuel Gabarre, *Tocar fondo: la mano invisible detras de la subida del alquiler.* Traficantes de Sueños, 2019.

arriesgada cadena de deudas». El sistema de vivienda se basó durante muchos años en la concesión masiva de hipotecas hasta la crisis financiera de 2009. A partir de entonces los fondos de inversión se han posicionado como un actor fundamental en el nuevo sistema de vivienda.

¿Qué es un fondo de inversión?

Los fondos de inversión no tienen una forma legal específica. Hay algunos como Blackstone o KKR que cotizan en bolsa, y otros como Cerberus o Lone Star que son sociedades limitadas. Salir a bolsa te permite captar muchísima más inversión, pero te obliga a cumplir con unos requisitos de transparencia. Por eso, fondos como Cerberus nunca han salido a bolsa, para actuar con mayor opacidad.

Los fondos de inversión se dedican a comprar compañías con dinero de terceros y de entidades financieras. Por ejemplo, Blackstone, opera de la siguiente manera.

1. Creación del fondo. Se hace con el dinero recabado de terceros, le ofrecen una rentabilidad a los inversores y acuerdan un plazo de devolución que suele ser de cinco años.

2. Gestión. Con todo el dinero recabado se cierra el fondo. A partir de ahí, los financieros son sus gestores y pueden invertirlo donde consideren oportuno para lograr la rentabilidad prometida. Muchos de estos fondos están domiciliados en paraísos fiscales para evitar el pago de impuestos y por eso, el inversor no puede saber cómo va el fondo. Aunque el domicilio está en paraísos fiscales, se gestionan desde las grandes capitales globales, como Nueva York o Londres.

3. Los gestores del fondo invierten el capital acumulado en sectores donde piensan que van a tener muchos beneficios en poco tiempo, como es el caso de la vivienda.

4. Al acabar el plazo los gestores deben liquidar el fondo y devolver el dinero con los intereses prometidos. De igual manera devuelven el dinero a los bancos. Normalmente estos préstamos alcanzan el 80 % de la operación y quien obtiene los mayores beneficios son los gestores. En el mercado de la vivienda en concreto se han obtenido rentabilidades extremadamente altas.

Quiénes participan y cómo fluye el dinero

El principal agente son los bancos centrales, que han sido fundamentales para convertir la vivienda en un activo financiero. Tras la crisis financiera, estos bancos tuvieron que aplicar medidas para rescatar al sector y evitar que los ahorros de los ciudadanos se evaporaran. Las políticas monetarias postcrisis han permitido que los bancos de Europa y EE. UU. accedan a enormes cantidades de dinero muy barato. A su vez, los bancos han dedicado este dinero a financiar las operaciones de los fondos de inversión oportunistas. La financiación de los fondos en España ha provenido de bancos como el Deutsche Bank o de entidades americanas.

La privatización de las viviendas rescatadas no ha ocurrido sólo en España, es un fenómeno global. Los grandes bancos de EE. UU. y Europa financiaron la compra de centenares de miles de pisos en España para lucrarse con estas inversiones. Por eso, «cualquier intento de regulación de los gobiernos en esta materia contará con la oposición del poder financiero», explica Gabarre.

La banca en la sombra

Estas entidades evitan cualquier control externo, es decir, operan «a la sombra» de la autoridad. Los fondos de inversión están en esta categoría, ya que al operar en paraísos fiscales eluden la fiscalización pública. Por contra, los bancos están muy controlados por supervisores europeos (y más tras la crisis financiera). Para Gabarre, estas entidades en la sombra son un problema para el sistema financiero, puesto que asumen ingentes cantidades de deuda y nadie sabe con seguridad en qué estado están sus cuentas. «El volumen de endeudamiento es tan grande que pondría en riesgo a todo el sistema financiero diseñado tras la crisis», explica.

Los inversores

Además de la banca, quien pone el dinero son grandes inversionistas, como fondos de pensiones, fondos soberanos o personas muy acaudaladas —que además pueden ser anónimas, puesto que se opera en paraísos fiscales—. En esta operación destacan los fondos de pensiones de EE. UU., donde el sistema de prestaciones para la jubilación es totalmente privado. Es frecuente que el dinero de los pensionistas americanos acabe en estos fondos oportunistas.

Las consecuencias

España cambió su sistema de vivienda a raíz de la crisis, pero el nuevo sistema también está diseñado para el provecho del sector financiero. En el periodo que va desde 2000 a 2020, los precios de la vivienda han subido más del doble que los ingresos medios de la población. El anterior sistema se basaba en el endeudamiento hipotecario, pero el actual se fundamenta en la propiedad y el alquiler. El porcentaje de inquilinos no para de subir, ya que muchas personas han quedado excluidas del acceso a una hipoteca por una normativa bancaria más rígida (se necesita pagar el 20 % del valor para endeudarte, más un 10 % en impuestos).[5] Mientras tanto, la subida de los precios de la vivienda se observa en la mayoría de ciudades del mundo.

---

5 Puede ser menos de un 10% en función de la presión fiscal de cada autonomía y el tipo de vivienda.

Cómo funciona un **fondo buitre**

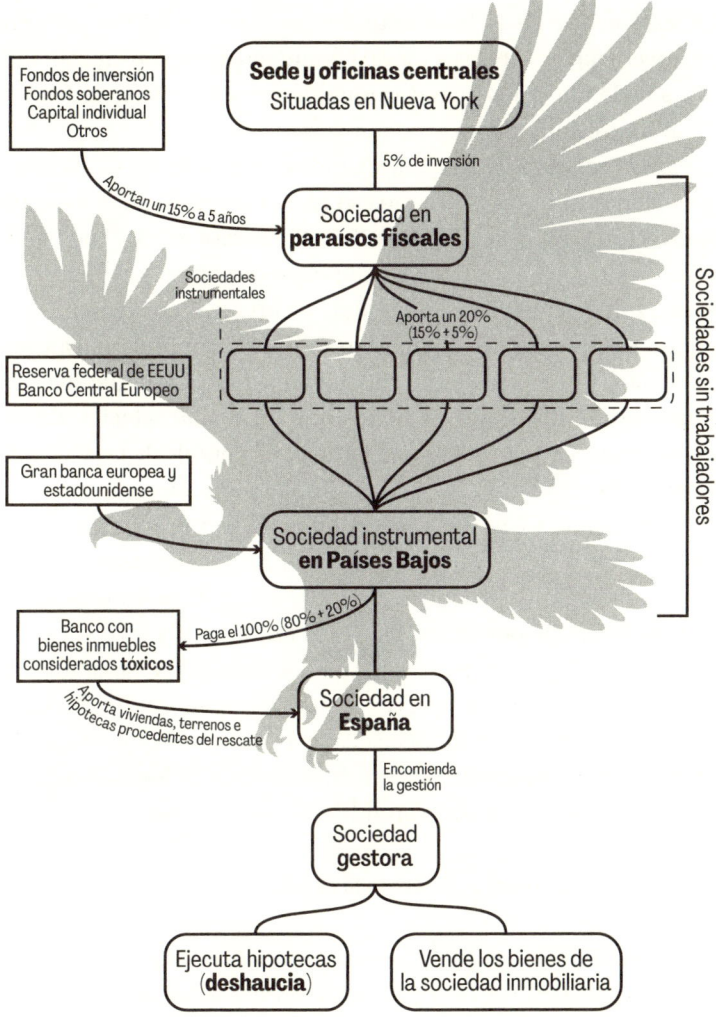

Esto sucede, según el investigador Javier Gil, por la pérdida de rentabilidad en los mercados financieros tras la crisis de 2008. Los mercados inmobiliarios se convierten entonces en una alternativa para las inversiones financieras. Así lo señala Naciones Unidas en un informe oficial: «la vivienda y la propiedad inmobiliaria se han convertido en el "producto de elección" de las finanzas corporativas y las empresas y fondos financieros se están apropiando de las viviendas y los bienes inmuebles en muchas ciudades a un ritmo impresionante».

Para la relatora de Naciones Unidas Leilani Farha «la vivienda y los bienes inmuebles urbanos se han convertido en el producto de elección para el sector financiero corporativo, una "caja de depósito segura" para los ricos, un depósito de capital y del exceso de liquidez de los mercados emergentes y un lugar conveniente para que las empresas ficticias guarden su dinero con muy poca transparencia». Como resultado, muchas residencias de alquiler son propiedad de tenedores de bonos que no tienen relación directa con los bienes, y por tanto «una parte considerable de las viviendas propiedad e inversores se quedan simplemente vacías».

Como apunta Gil, estas inversiones no son productivas ni generan puestos de trabajo, tan solo son formas de revalorizar los activos. Es más, no producen riqueza, sino que «la transfieren de los bolsillos de la población hacia los fondos y sus inversores», es decir, el dinero de los pobres pasa a los ricos. Una «acumulación por desposesión basada en extraer mayores magnitudes de capital por medio de una necesidad básica de la que nadie puede prescindir, cómo es la vivienda». España ha sido uno de los países donde este proceso ha sido más profundo.

Un imperio sin fronteras nacido de la deuda

Tan grande era la maldad de señores ricos y poderosos que compraban reclamaciones de deudas y que por intermedio de sus altas e influyentes posiciones, infundian temor en los tribunales y por ello garantizaban sentencias injustas y sin fundamento, que se hizo necesario, tempranamente en Inglaterra, promulgar leyes para impedir tales prácticas.

De **Nueva York** a **Alicante**
El camino del dinero de los
fondos buitre

El dinero de la compra se
origina en las **sedes de los
fondos buitre,** en este
ejemplo, **Nueva York**

De ahí se dirige a
**paraísos fiscales
opacos**

En Países Bajos **evaden o
pagan menos impuestos**
mediante **sociedades
instrumentales**

Para finalmente
**llegar a España
y hacerse con
las viviendas**

Mediante esta cita de un caso judicial del siglo XVI, un juez de Nueva York apoyaba su fallo en la sentencia de Elliot Associates contra Perú, denegando al fondo buitre la reclamación de que le pagaran por su valor íntegro los bonos soberanos que había comprado con descuento. Este fallo fue, sin embargo, anulado por el tribunal de apelación. Hace una década otro juez federal de Nueva York concedía al fondo NML Capital un beneficio del 1.600 % sobre la inversión que hizo en devaluados bonos viejos de Argentina.

Los llamados «fondos buitre» no son nada nuevo. Son una industria que nace en los ochenta tras una decisión política de EE. UU. para convertir la deuda en un producto financiero comercializable y de paso salvar la primera economía mundial, el llamado «Plan Brady». Estos fondos, que pronto se ganaron el apodo de «buitres» por su mala fama, se dedicaban a comprar deuda con dificultades de cobro de países al borde de la bancarrota a precios irrisorios, para luego reclamar el cobro íntegro en los juzgados, llevándose rentabilidades astronómicas y de paso empobreciendo aún más a los ciudadanos de estas naciones. Fondos como Elliot Management, o NML Capital (los más conocidos) se especializaron en reclamar la deuda que emitían países en vías de desarrollo, litigando contra naciones enteras en despachos de Nueva York. Muchas naciones africanas han sufrido estas prácticas, pero quizá el caso de Argentina es el más conocido.

El objetivo de estos fondos era claro: conseguir en los tribunales la rentabilidad que no daban los mercados. El problema es que, como muestra el libro *Fondos buitre, capitalismo depredador*[6] se ha producido un importante crecimiento de los litigios promovidos por estos fondos desde la década de los 2000. Argentina es un caso paradigmático porque, desde su salida del pozo del endeudamiento que dejó la dictadura, ha tenido que afrontar durante décadas los picotazos de estos fondos. Además de plantear continuos juicios, estos gigantes financieros disponen de agencias

---

6 Juan Hernández Vigueras, *Los fondos buitre, capitalismo depredador: actores políticos, judiciales y económicos de un negocio global.* Clave Intelectual, 2015.

de *lobby* para ejercer presión a favor de sus intereses, tanto en Argentina como en Washington, poniendo contra las cuerdas la economía del país latinoamericano.

El concepto de «fondos buitre» —originalmente etiquetados como *acreedores disconformes* (*holdout creditors*) frente a las reestructuraciones de deuda soberana— se introdujo a mediados de los años noventa cuando aparece el mercado secundario de la deuda soberana. Es decir, que la deuda de los países cambia de préstamos bancarios a bonos con los que se puede especular. Los fondos buitre se caracterizan por comprar activos devaluados de empresas y bonos soberanos de estados con muchas dificultades económicas o al borde de la bancarrota. Estos fondos son gestionados frecuentemente por *megarricos* estadounidenses que buscan el lucro a costa del empobrecimiento de la población de un país. Esto ocurre porque en los mercados financieros globales la deuda de los países ya es un activo más, y por tanto, está a merced de los negocios especulativos.

Muchos de estos países consiguieron llegar a acuerdos con sus acreedores, rebajando el pago previsto inicialmente al no poder hacerle frente. Sin embargo, estos fondos buitre exigían (mediante sentencia judicial si es necesario) el pago íntegro de la deuda, asfixiando a las naciones más pobres de la tierra y mostrándose disconformes frente al resto de acreedores que sí que habían aceptado la rebaja. De esta manera se ganaron el apodo de «buitres», puesto por el resto de acreedores en vista de su conducta especialmente poco ética.

Así, durante décadas estos fondos se convirtieron en una plaga para las naciones más endeudadas, desde Perú hasta Zambia pasando por Argentina, consiguiendo convertir en rehenes a los países que habían obtenido financiación exterior y en vasallos a los ciudadanos que debían prestar tributo a gente que ni siquiera conocían. Estos fondos tuvieron, al principio, preferencia por los países que el Banco Mundial definía como *Países Pobres Muy Endeudados* (HIPC, *Heavily Indebted Poor Countries*) a los que acribillaron a pleitos, abriendo una nueva línea de negocio para este «capitalismo depredador» que define el experto en finanzas internacionales Juan Hernández Vigueras. Hasta el mercado secundario de deuda pública, este tipo de prácticas estaban reservadas a negocios o particulares con préstamos impagados.

En la pauta marcada por Wall Street, un grupo de megarricos estadounidenses como Paul Singer, Kenneth Dart o Michael Sheenan encontraron una nueva línea de negocio, inmoral, pero muy rentable: comprar por unos pocos céntimos bonos soberanos de países que estaban al borde de la quiebra, y plantear litigios internacionales para cobrarse el valor nominal, más intereses, honorarios de abogados y costas judiciales. Así, estas empresas dirigidas por multimillonarios estadounidenses echaban pulsos a los estados y los ganaban. El resultado fue el sobreendeudamiento crónico y el hecho de que las ayudas a los ciudadanos más pobres de la tierra acabaran en las arcas de las corporaciones de Singer, Dart o Sheenan.

Lejos de ser algo marginal, estos fondos son una parte cada vez mayor del sistema financiero, y ya reciben muchos nombres como *hedge funds,* fondos de alto riesgo, fondos oportunistas o firmas de capital riesgo (*private equity funds*). Por resumir, el término «fondo buitre» se utiliza con dos grandes significados. El primero, para fondos de inversión especializados en deuda con dificultades de cobro. El segundo hace referencia a la inversión especulativa en deuda soberana, ya emitida y muy devaluada, de países al borde de la quiebra o con problemas, mediante sentencias judiciales en litigios internacionales. Estos fondos se destacan por la agresividad en sus reclamaciones, llegando incluso a intentar embargar bienes o impuestos de los países deudores.

La fragata Libertad, secuestrada por los fondos buitre

El intento de embargo de mayor repercusión internacional fue la retención en Ghana de la fragata Libertad, propiedad de Argentina.

Este hecho conmocionó a la opinión pública y puso de relieve el enorme poder global que pueden tener estos fondos de inversión especulativa, pugnando de tú a tú con uno de los países que forma parte del G-20.

El buque-escuela de la marina argentina zarpó de Buenos Aires el 2 de junio de 2012 con más de 300 marinos a bordo en un viaje anual de instrucción en el que pasaría por distintos puertos de América y África antes de llegar al puerto de Tema en Ghana, donde fue retenido casi tres meses por orden del gobierno local. La decisión del estado ghanés estuvo motivada por el fondo NML Capital, en aplicación de un embargo judicial decretado por un tribunal del país africano. Un mes después de estar retenida en Ghana, el futuro de la fragata Libertad era una incógnita pese a la actividad diplomática. Fue necesario acudir a las Naciones Unidas para recuperar el buque escuela, temiendo que una corbeta argentina anclada en Sudáfrica corriera el mismo destino.

Aunque Ghana se negó, se procedió a la evacuación de la fragata días después, pero sin sus 326 tripulantes a bordo, dejando solo al capitán y una dotación mínima. La República Argentina acusó a Ghana de «pretender que un país soberano negociara con una entidad dedicada a la piratería financiera desde su refugio fiscal en el Caribe», afirmando que aquel acto era «un secuestro, una extorsión y un acto de piratería contra Argentina».

Los fondos desembarcan en España y Europa

Tras la crisis del euro, el cataclismo financiero global y los rescates a Grecia, Irlanda, Portugal y España, la prensa internacional comenzó a recoger informaciones sobre los movimientos de estos grandes fondos alrededor del viejo continente. Los países más tocados por la recesión económica se sobreendeudaron y de repente se postularon como mercados atractivos para estos fondos oportunistas, dispuestos a acudir allá donde vean activos en venta a precios de saldo. Era el caso de la vivienda.

En 2011 un especialista del *Financial Times* publicó un análisis sobre el endeudamiento europeo bajo el título «Los buitres sobrevuelan en círculo las montañas de deuda en Europa». La noticia arrancaba describiendo una presunta reunión de inversionistas en el hotel Claridge de Londres para brindar por las nuevas oportunidades de negocio que se vislumbraban en el horizonte europeo. Oaktree Capital, Carlyle, Cerberus, Blackstone, Lone Star, KKR y Apolo son sólo algunos de los fondos que aumentaron el ritmo de sus operaciones en Europa aquellos años.

El ciclo ya estaba iniciado y España, por sus características, era el terreno más abonado para estos fondos oportunistas. El espolazo lo dieron Blackstone y Goldman Sachs Azora, con la compra en 2013 de casi 5.000 viviendas públicas que la Comunidad de Madrid decidió vender a estos fondos buitre. Este fue el pistoletazo de salida a un nuevo ciclo, que tuvo su punto álgido en 2019 con la privatización de casi un millón de viviendas. Ahora Blackstone es uno de los grandes caseros de España.

La escalada de los alquileres en España y Europa empieza, precisamente, a partir de 2013. Desde entonces los precios han tenido una subida meteórica, llegando a duplicar o triplicar los valores de hace una década en, por ejemplo, la Comunitat Valenciana. En septiembre de 2014 el precio medio del metro cuadrado en la ciudad de València era de 5,9 euros (según un informe de Idealista), mientras que a septiembre de 2024, en la fecha de la última publicación del informe, el coste de los pisos en alquiler se sitúa en 14,3 euros.

Ladrillo visto, toldo verde

La carta llegó un jueves a las once de la mañana. Una mujer bien vestida tocó la puerta de Tania Romero para anunciarle que en siete días tenía que dejar la casa junto a sus hijos de 8, 7, 3 y 2 años. Un burofax decía que la desahuciaban.

Era marzo de 2021 cuando decenas de personas, miembros de la Plataforma de Afectados por la Hipoteca (PAH), Entrebarris y Stop Desahucios, pararon el desalojo plantándose en la puerta. Tania se quedaba en casa. Ese es uno de los guiones que pueden seguir los desahucios, pero este no era un lanzamiento normal, era la punta del iceberg. Los fondos buitre se habían comprado gran parte del barrio de la Fuensanta, en València, y estaban empezando a reclamar sus pisos. Aquella fue la primera visita del fondo a sus calles. Ahora, cuatro años más tarde, siguen echando a familias y vendiendo el barrio por 30.000 euros.

Promontoria Coliseum, filial de Cerberus, es el nuevo «casero» de muchas familias de la Fuensanta. Trini, Vicky o María Alejandra, son algunos de los nombres de las decenas de familias afectadas del barrio. Muchas con menores de edad a su cargo. Los burofaxes empezaron a llegar en julio y agosto de 2021, tras la pandemia.[7] Primero a Trini, y luego al resto. «Convocamos una reunión para hablar con tres afectadas del barrio y aparecieron quince», cuenta José Luis González, portavoz de la PAH. En aquel desahucio varias decenas de mujeres a la espera de desalojo se agolpaban alrededor del periodista que cubría la noticia. Fue el pistoletazo de salida a unos años en que los desahucios de familias con chiquillos se convirtieron en el pan de cada día en estos bloques.

---

7 Los juzgados estuvieron sin actividad presencial más de un año y los desahucios suspendidos, lo que trabó los planes de los fondos buitre.

El paisaje del barrio es de fincas de ladrillo visto y toldo verde, de esas que acogen a la clase trabajadora en la periferia de las ciudades. La historia de la Fuensanta es la historia de un fallo gigantesco en el sistema. El barrio nace tras la *riuà* del año 1957 en València, que dejó decenas de muertos y miles de familias que residían en infraviviendas en los márgenes del río Turia y que, de repente, se quedaron sin nada. El franquismo ideó un plan de vivienda barata para dar un techo a esa gente. Los pisos son de pobres calidades y de poquitos metros (unos 50 metros cuadrados de media). Son pisos-caja de zapatos, pero mejor que nada para muchas familias que habían visto sus vidas arrasadas por la riada. El barrio fue enteramente levantado como vivienda de promoción pública para las clases desfavorecidas. Hoy, la enorme mayoría de los pisos están en manos de un fondo buitre americano que busca la especulación, o lo que es lo mismo, ganar mucho dinero en poco tiempo sin aportar mayor beneficio a la sociedad, aun a costa de provocar un drama humano. Consecuencia de unas políticas inmobiliarias que se alimentaron durante décadas en España, dejando escapar la enorme mayoría del parque público a manos privadas o, como en este caso, a manos de fondos de inversión especulativa. Hay casos similares en toda la periferia urbana, como La Torre o en las 300 Viviendas de Burjassot. Lo que antaño fueron viviendas públicas ahora están en manos de agentes extranjeros al servicio de la especulación que ni siquiera pagan impuestos en España ni les importa el destino del país más allá de los próximos cinco años. Las vidas de muchas personas vulnerables en la periferia de las ciudades son sólo números en los portafolios de tiburones empresariales que toman decisiones al otro lado del océano. Como dice el periodista Jorge Dioni «no es un error, es el sistema».[8]

Los fondos habían comprado los pisos antes, pero comenzaron a manifestarse en 2021 cuando se rebajaron las restricciones de la pandemia. Ahí empezaron a actuar los nuevos dueños del tablero, siem-

---

8 Jorge Dioni, *La España de las piscinas*. Arpa, 2021.

pre en la sombra. Promontoria Coliseum, filial de Cerberus con pisos provenientes de CAM y Sabadell. Divarian (Cerberus), con viviendas compradas a BBVA y Caixabank. Coral Homes y Gramina Homes, filiales de Lone Star con pisos provenientes de Caixabank. Global Pantelaria (Cerberus), Quasar (Blackstone), con pisos comprados al Banco Santander. Esos son los principales nombres de los nuevos amos de la vivienda en los barrios periféricos. La zona norte de Alicante; en València, los barrios de Fuensanta, Orriols, Malvarrosa, Cabanyal y Saïdia o localidades como Paterna, Burjassot, Torrent, Elx, Gandia o Castellón son sus caladeros principales en la Comunitat Valenciana.

El de la Fuensanta es un caso paradigmático que sirve de espejo para muchos barrios trabajadores de la ciudad. Las afectadas llevaban años pagando religiosamente cada mes, la mayoría de ellas son vecinas de toda la vida que se han criado en el barrio, y sus hijos están matriculados en el cole del distrito. Hasta que apareció su nuevo casero, que no negocia e incluso les ha ofrecido dinero por dejar los pisos. «A mí me daban 2.500 euros por irme. Eso son cinco meses de alquiler ¿Pero qué hago yo con mis niñas?», dice María Alejandra. «A mí me querían dar 1.000 euros por dejar el piso», apunta Trini.

Los ofrecimientos de dinero son una constante, ya que los fondos (mejor dicho, las gestoras que contratan) saben que la ley protege a las familias con menores a cargo que no tienen alternativa habitacional. Los procesos en estos casos suelen ser más largos, aunque en la mayoría de ocasiones acaban en desahucio. Por eso, intentan llegar a «acuerdos extrajudiciales». Es lo único en lo que negocian, ya que firmar alquileres no entra en sus planes.

«Han dicho que no y es que no. A la calle y punto, no les importa que tengamos niños pequeños ni nada», lamenta Tania. Trini asegura que muchas familias, por desconocimiento o por no saber buscar ayuda, ya han sido desahuciadas del barrio. Muchas otras ya han sido demandadas después de que se les acabara el contrato de alquiler. «Nos hemos criado aquí desde pequeñas, vivimos aquí toda la vida. Y últimamente no paran de venir muchas familias que están igual. Hay muchísimas familias así», dice Trini.

Al incremento de los desahucios se le ha sumado un aumento brutal de los precios del alquiler en los últimos años, lo que provoca que estas familias se transformen en inquilinos morosos o como se les llama ahora «inquiokupas». Se trata de las capas más vulnerables de la población que ya vivían en los distritos más asequibles y no pueden permitirse ningún otro alquiler en la ciudad. «Es imposible, con lo que gana la gente aquí, que se puedan alquilar nada. ¿Te crees que las familias no miran pisos o que se quedan de «inquiokupas» por gusto? Es que no se pueden permitir nada. Hay muchas familias que si las echan lo único que les queda es montarse una chabola», apunta Narcisa, una vecina.

En 2008 perdieron la casa y se fueron de alquiler, y ahora están perdiendo los alquileres y se meten de okupas. Es una realidad que se está viviendo en muchos barrios, la de un descenso meteórico de las condiciones materiales de las familias trabajadoras. Para José Luis González, de PAH València, hay que diferenciar dos situaciones. «La mayoría de estas familias efectivamente perdieron la casa, se quedaron de alquiler y cuando ni esto podían permitirse y tuvieron que elegir entre comer o pagar la renta, eligieron la vida. La respuesta de las administraciones fue nula, no les ofrecían nada de nada, así que no optaron por irse, sino quedarse en esa misma casa como morosos. A esos los llaman "inquiokupas"». El segundo caso es el más actual, «se da inmediatamente después de ser desahuciado por bancos o fondos buitre, cuando las familias se ven forzadas, por pura necesidad, a dormir en la calle u okupar una vivienda. El instinto de proteger a los tuyos te dice lo que tienes que hacer. Hablamos de casos de okupas de buena fe, que saben bien qué viviendas okupar: las de los bancos y fondos buitre que tienen vacías, no conocemos ningún caso de una familia con mala suerte que haya okupado la vivienda de un particular». La realidad es que, según datos oficiales del Ayuntamiento de València, sólo el 1 % de las okupaciones de vivienda son a particulares.[9] Los datos de lan-

---

9 Datos de la Oficina por el Derecho a la Vivienda del Ayuntamiento de València.

zamientos hipotecarios y por alquiler del Consejo General del Poder Judicial en la Comunitat Valenciana apuntan también en este sentido. «No negamos que existan los otros casos, pero pensamos que pese a ser la gran minoría son protagonistas en los medios de comunicación. En nuestra opinión lo que hay detrás es poca efectividad contra la okupación mafiosa y mucha criminalización de la pobreza», sentencia González.

Aunque los juzgados estuvieron con los plazos suspendidos, en 2020 hubo 4.501 desahucios en la Comunitat Valenciana (uno cada dos horas).[10] En el último año, con registros disponibles, también se dieron unos diez desahucios al día. «En este momento, el derecho a la propiedad privada prima por encima del derecho a la vida y a la vivienda, y parece que un fondo buitre ubicado en Luxemburgo tiene más derechos que las personas a vivir en sus casas», reivindica González. Por otro lado, denuncia: «Cuando nosotros debemos algo nos persiguen hasta la cárcel, pero a los bancos no solo no se les persigue sino que se les rescata cuando deben dinero. Así que exigimos que devuelvan el dinero que les prestamos en forma de viviendas que tienen vacías, y que puedan ser utilizadas por las administraciones públicas».

«No había tregua»

Otro punto de inflexión fue el desahucio de Miriam, una señora mayor del barrio a la que querían dejar en la calle, sola y sin nada. Lo evitaron protestando en la puerta, pero los días siguientes el teléfono de Narcisa no paraba de recibir llamadas. «No había tregua. Era gente angustiada porque la iban a echar de casa. Decenas de familias. A todas les estaba llegando una carta de la misma empresa». La misma que intentó dejar sin casa a Miriam. Promontoria Coliseum.

Pronto los casos pasaron de decenas a cientos. «El fondo buitre se está quedando con todo el barrio», denunciaron las vecinas a la

---

10 Estadísticas del Consejo General del Poder Judicial.

Generalitat. Y con la denuncia llegaron las amenazas. A Tamara, a su marido y a su niño se lo dejaron claro: «Te vas a ir de la vivienda por las buenas o por las malas». También cuenta que le ofrecieron 1.600 euros para que se fuera sin hacer preguntas y con contrato de alquiler vigente. Ella compró el piso en 2006 y pagó la hipoteca durante diez años. Entonces se quedaron sin trabajo, consiguió una dación en pago y el banco arregló con ella un alquiler acorde a lo que podía asumir. Pero lo compró el fondo, y le dijo que tenía que irse en cuanto le acabara el contrato. Ni siquiera se paró a negociar. «Estos no miran si tienes hijos (ella tiene tres) o una minusvalía (su marido), te echan y ya está».

Diego, el sobrino de Tamara, recorre rápido y contento una plaza de la Fuensanta con su cochecito de juguete. Varios niños y adolescentes están juntos porque se celebra el cumpleaños de uno de los hijos de Tamara y van a poner la mesa. Pero el niño sigue de un lado para otro en su coche y se cuela en la foto para el periódico por sorpresa. Su madre, María, cuenta que el abogado ha conseguido parar de momento el desahucio por vulnerabilidad, pero no sabe hasta cuándo y el fondo no negocia. Explica que no tiene ninguna alternativa, porque si no ya se habría ido. Que no se va a ir. Tamara, en cambio, no ha tenido esa suerte, le quedan menos de seis meses a ella y a sus niños. Y a decenas de familias del barrio.

El mercado vampiro: 30.000 euros por un barrio de la periferia

Los fondos se hicieron fuertes en la periferia de las ciudades, donde se apropiaron de barrios enteros que colapsaron con la crisis inmobiliaria. Los distritos obreros de la periferia son los que más han sufrido esta epidemia que está ya en un punto de difícil retorno.

Como los fondos no podían vender estos pisos con inquilinos morosos en paquetes, han comenzado a hacerlo uno por uno y a precios de derribo. En la mayoría de las ocasiones el nuevo comprador es otro fondo de tamaño menor (a veces peor en sus formas o prácticas), o un particular que quiere esas viviendas para ganar el máximo dinero posible con ellas, normalmente con alquiler por habitaciones o alquiler turístico, lo que dispara aún más los precios del alquiler en la ciudad, en un ciclo especulativo que por el momento no se ha sabido (o querido) frenar.

Vicky no para de recibir visitas de desconocidos a su piso. Timbran y, amablemente (o no tanto), le explican que están pensando comprar el piso al banco, pero que necesitan que se vaya de allí porque es una okupa. Descubrió que su vivienda, como muchas de sus vecinas, están a la venta en conocidos portales inmobiliarios por precios que oscilan los 30.000 euros, y que otras personas, desesperadas por los precios de la vivienda en la ciudad, ven con buenos ojos adquirirla aunque ella esté dentro. «No paran de venir, todas las semanas es alguien. Me dicen que me dan dinero para que me vaya, me llaman de todo y a veces hasta me insultan. Ya me gustaría, pero no me puedo ir porque no hay pisos que pueda pagar. El día que el juez me eche, me voy a la calle con mis niños», cuenta angustiada. Está medicada con antidepresivos desde hace años. Pablo, activista del Sindicat d'Habitatge de València, acompañó a una vecina del barrio de Orriols a la sede de Solvia (que gestiona los pisos de Promontoria), ya que quería hacer una oferta por el piso que se vendía por 30.000 euros y conseguir, así, quedarse en la vivienda. «Cuando llegamos a la sede teníamos delante un hombre que venía preparado para comprar cinco pisos de golpe, decía que los quería poner en alquiler por habitaciones para estudiantes», explica. Elena Morales, activista del Sindicato de Vivienda de Carolines (Alicante) apunta a que en el sur también se vive esta realidad. «Tenemos casos donde inversores compran edificios enteros a 30.000 euros el piso, echando a la gente por el camino».

El barrio de Orriols, un distrito históricamente obrero y de migrantes, está cambiando su cara poco a poco. «Cada día me encuentro a más turistas en el tranvía, eso hace unos años no pasaba, como los precios han subido tanto en otras zonas los universitarios se están viniendo aquí a pisos compartidos que antes eran de los fondos, es un cambio que está viviendo el barrio», cuenta Pablo.

Aunque los fondos se están deshaciendo de sus propiedades, los nuevos compradores tienen un cariz muy similar, ya sean particulares u otros fondos. Esos cientos de miles de pisos hace mucho tiempo que dejaron de ser hogares para convertirse en activos financieros. Así, millones de metros cuadrados dejaron de estar disponibles para formar una familia y pasaron a disponerse para el disfrute de turistas o la acogida de estudiantes. Es la nueva realidad de València, con cada vez menos casas para vivir y más «oportunidades de inversión». Este baile de precios que nunca baja actúa como una gran centrifugadora que, año a año con más fuerza, echa a los valencianos de València y los orilla, primero a los barrios periféricos y luego al área metropolitana, donde los precios ya llevan años tensionándose. José Luis González, portavoz de la Plataforma de Afectados por la Hipoteca (PAH) de València, define la situación como un «mercado vampiro» que se nutre de «pisos con okupa» y que para conseguir una vivienda para especular debe echar a una familia a la calle.

En una silla a la fresca enfrente de su finca, Vicky cuenta que al vecino del bajo le cambiaron la cerradura cuando fue a comprar a la tienda. «Era una empresa de estas de *desokupa*, como él estaba de patada lo vieron salir y aprovecharon que no había nadie en la vivienda para cambiar la puerta. Se le quedaron todos los muebles dentro», narra con el miedo reflejado en la cara. Vicky tiene el desahucio paralizado por orden judicial debido a la presencia de menores, pero no puede dormir por las noches ni se atreve a dejar la casa sola ni un segundo pensando en que podría correr la misma suerte. La miseria de Vicky y de sus hijos es, para algunos, una «oportunidad de inversión» que salta en su teléfono por Idealista o Fotocasa. No son viviendas, son activos financieros. No son hogares rotos, son rentabilidades del 10 %. Así funciona el «ballet fantástico» en el que se han convertido las fincas de ladrillo visto y toldo verde, donde unos duermen a pierna suelta y otras sufren ataques de ansiedad cuando se meten en la cama.

Una ciudad de habitaciones

Ya no se echa a las personas de sus casas por no pagar la hipoteca, ahora la gran mayoría de desahucios (70 %)[11] son por impago del alquiler. El panorama del derecho a la vivienda es cada vez más oscuro, y en València aún más. Entre 2014 y 2024 los precios del alquiler han subido un 157 % en la Comunitat Valenciana. El alquiler medio ha pasado de 406 euros a casi 1.000, según el índice inmobiliario de Fotocasa. En València ciudad el alquiler se sitúa en 1.600 euros de media. Los salarios, por el contrario, han crecido un 3,6 % este tiempo, según la misma fuente.

Los datos, aunque concluyentes, son fríos. Pero detrás de los números siempre hay caras. València empieza a contar una historia nueva y a los vecinos y vecinas no les gusta el argumento. Orriols, el barrio con más inmigración de la ciudad, arroja una fotografía que se repite en casi todas las ciudades de España: familias enteras viviendo en habitaciones. «Es algo que suena a la posguerra, mi madre me tuvo en una habitación antes de emigrar de Castilla-La Mancha a aquí», cuenta un vecino del barrio. Ahora las madres que viven con sus hijos en habitaciones son marroquíes, argelinas, venezolanas o colombianas. En la zona norte de Alicante o algunos barrios de Elche hay casos de once personas viviendo en un piso de tres habitaciones, según explican desde el Sindicato de Carolines. Los profesores de los centros escolares lo conocen, y no saben qué medidas tomar para que estos niños salgan adelante en la escuela. Quizá porque ellos no pueden. Sus madres no descansan, como el ingenio del pobre, pero así es muy difícil vivir una infancia digna. Son niños y niñas que comparten piso con la carencia.

Es el caso de Samira, en el barrio de Orriols. El piso tiene 50 m² y en él viven dos familias con cuatro niños. Ella y su marido duermen en una, junto a su hija Micaela, de dos años. El otro matrimonio que vive en el piso, Edgar y Fabiana, hacen lo propio con su hija

---

11 Estadísticas del Consejo General del Poder Judicial.

menor. Mientras tanto, Cristian y sus dos hermanas habitan en el comedor, donde las familias han puesto dos literas. Son de Venezuela, y casi nada en ese piso es suyo aparte de unas pocas prendas de ropa y la Virgen del Valle. Un cuadro de la patrona de la isla de Margarita, de donde ella es natural. La acompaña a todos lados, le recuerda a los aromas y la comida de su tierra, a las fiestas con sus amigas y a los 29 años de vida que tuvo que dejar atrás. Era parte del mobiliario de su anterior casa, pero no es una pieza más. Dice que forma parte de ella. «Para comprar el boleto de avión en Venezuela tuve que vender todo lo que tenía, incluida mi casa y casi todas mis pertenencias, incluso los juguetes de los niños. Pero mi virgencita, ni loca la habría vendido», cuenta. Es lo único que tiene que le recuerda a su casa, y a la vez lo que usa para engañarse y maquillar de hogar ese zulo en el que vive. El piso de Samira es de un particular que compró varias viviendas a precio de remate en el barrio y que ahora las alquila por habitaciones a extranjeros para tratar de sacar el máximo provecho posible. Los migrantes se llevan la peor parte de estas dinámicas, ya que al no tener papeles muchos de ellos están expuestos a toda clase de abusos, desde subidas de alquiler indiscriminadas, que les echen del piso de un mes para otro o incluso que el «casero» instale pestillos en un cuarto y que entre y salga del piso como le plazca.

Historias como estas son comunes en los bloques de barrios como Orriols, donde existe una infancia que se ha acostumbrado a crecer sin una habitación propia, sin una simple mesa para hacer los deberes, con una carencia severa de medios y la angustia instalada en el cuerpo por si alguna vez los vuelven a echar y tienen que ir a otra habitación. En el mejor de los casos conviven varias familias que se conocen, en el peor cruzan sus vidas completos extraños y las madres optan por echar el pestillo en sus habitaciones para evitar robos o por seguridad. El profesorado del colegio y los voluntarios de las clases de repaso gratis tratan de hacerlo lo mejor posible para cuidar a estos niños y niñas especialmente vulnerables. Pero hay escalones que no se pueden salvar, y muchos niños y niñas crecen desde la escasez y una merma de oportunidades que hace que la palabra «igualdad» sea un cuento de fantasía. Tras los datos de los desahucios, emergen sus vidas precarias.

Los precios prohibitivos para la ciudadanía alcanzan ya hasta las localidades circundantes a la capital, según un estudio elaborado por la Conselleria de Vivienda y la oficina de vivienda del Ayuntamiento de València En concreto, la primera localidad con precios del alquiler acordes a la renta media del lugar, es decir, asequibles para los ciudadanos, es Xàtiva, a más de 60 kilómetros de València. En otras palabras, alquilar una casa en el mercado libre es una quimera, mientras los propietarios y grandes tenedores apuestan por el alquiler de habitaciones y turístico, que les permite exprimir mucho más el negocio de la vivienda.

Para la mayor parte de las familias es imposible alquilar un piso, con lo que caer en un proceso de ejecución por impago del alquiler es una pesadilla de la que tienen difícil escape, más allá de quedarse en la vivienda e intentar pelear una renovación. Perder la casa siempre ha sido una bomba dentro de cualquier pareja o familia, pero perderla sin posibilidad de alquilar nada es una condena a la pobreza extrema. Dos opciones; o la calle, o la okupación por necesidad. En este proceso, los nombres de bancos han desaparecido de las demandas de desahucio, y ahora son los fondos los que dictan los desalojos.

Pero hay que añadir una variable más a la ecuación: la vivienda actúa como una gran reserva de valor. Según Raquel Rolnik[12] «para una élite transnacional adinerada comprar inmuebles en las capitales es una caja fuerte para parte de su capital, funcionando como una reserva de valor estable o al menos, como potencial valorización. Gran parte de estas compras son con sociedades *offshore* y a través de Golden Visa». Claudia, una joven alicantina que ha sufrido varios desahucios siendo menor de edad lo explica así: «En mi barrio hay una barbaridad de casas que las compran extranjeros

---

12 *La guerra de los lugares*, Raquel Rolnik.

para tenerlas cerradas ¡Las tienen cerradas y ni vienen ni nada! Con la necesidad que tiene mucha gente, pues hay fincas enteras donde la mayoría de los pisos son de extranjeros y están ahí muertos de risa», lamenta.

No vuelva usted mañana

Ramón Salazar tiene 80 años y hace diálisis cada día. Carmen Manzano tiene 77 y apenas puede caminar. Llevan 31 años viviendo en su piso del barrio de La Plata, donde han visto crecer a sus hijos y a sus nietos. Un fondo de inversión ha intentado desahuciarlos tres veces. El piso era de la CAM, pero acabó en manos de Promontoria Coliseum, filial de Cerberus. Pero el proceso no acaba ahí, el fondo estadounidense vendió la propiedad a otro fondo, este español, con sede en Valladolid.

Desde que llegó la carta ni comen ni duermen por la angustia. Todas sus cosas están guardadas en bolsas en una habitación, por si un día el fondo les echa a la calle, poder al menos llevarse algo. Reconocen que han llorado porque no tienen alternativa. Si el desahucio se ejecuta, se quedarán en la calle. Su piso es una vivienda humilde, en un bloque de los de ladrillo visto y toldo verde que albergan a los trabajadores en la periferia de las ciudades. Objetivos, desde la pandemia, de los fondos buitre y de inversión, que sobrevuelan este tipo de barrios.

«A los del quinto los echaron hace poco. Nos dimos cuenta porque ya no había tanto ruido en la casa», cuenta Carmen. Ramón, por su parte, echa de menos a su amigo Galán. «Nos echábamos la partida todos los días en el bar del barrio. De toda la vida que le conocía, éramos muy amigos. Ahora ha comprado su piso un ruso, han hecho apartamentos para turistas y Galán se ha tenido que ir», lamenta.

Como todas las personas con una orden de desahucio, Ramón y Carmen tuvieron que hacer un peregrinaje interminable por decenas de ventanillas de los servicios sociales municipales. Un macabro «vuelva usted mañana» de Larra, pues no se trata de entregar unos papeles, sino de quedarse en la calle.

El estallido de la burbuja dejó KO a los servicios sociales. Colapsados desde hace años, juegan un papel testimonial en la crisis de la vivienda. Pida usted el certificado de vulnerabilidad, inscríbase al registro de demandantes de vivienda pública, solicite el bono social de la luz y el gas, y mil papeles más que, en la práctica, no tendrán efecto alguno. La respuesta de los servicios sociales a Ramón (80 años y diálisis) y Carmen (77 y sin poder caminar) fue ofrecerles dos plazas en un albergue para personas sin hogar. Tras una vida entera de cotizaciones sociales, los servicios sociales no responden.

«Tengo órdenes de arriba»

Cristina pensaba que era su vecina, pero abrió la puerta y se encontró con dos matones pagados por el fondo de inversión. Lucían estética militar y ambos estaban muy musculados. Aunque ella tenía contrato en vigor, comenzaron a acosarla nada más cerrar la puerta. «Me pusieron silicona en la cerradura, me han cortado el agua y la luz varias veces, y cuelgan carteles en la puerta diciendo que me voy a ir por las buenas o por las malas. Me siguen hasta por la calle». Su piso era de Cerberus, y ahora ha pasado a manos de un fondo de inversión ruso que es uno de los compradores predilectos de pisos en València para este entramado norteamericano. Cristina, que nunca se había tomado ni una valeriana, está con diazepam a causa de una depresión y ni siquiera así puede dormir por la angustia.

Sus hijos Gonzalo y Pablo, junto con un activista de la PAH, han presentado denuncias por acoso inmobiliario y han hecho un peregrinaje de meses por la administración recopilando papeles que, al final, de poco han valido. Ni siquiera sirve que la vivienda se vendiera al fondo ruso «libre de arrendatarios», aunque Cristina residía ahí. Gonzalo y su madre se turnan para que los de la empresa de desokupación (porque ahora Cristina es okupa en su propia casa) no le llene de silicona la cerradura o haga algo peor. En Navidades estuvo dos semanas sin poder entrar en casa porque los matones le sabotearon la puerta. Mientras tanto, siguen tratando de encontrar apoyo en la Administración. Pero casi nadie responde al otro lado.

Gonzalo, Pablo e Ismael (de PAH València) se plantaron una mañana en la sede de la Conselleria de Vivienda con un objetivo: hablar con el jefe de Servicios Territoriales, José Vicente Aragó. «No nos vamos a ir de aquí hasta que nos atienda», espetaron al entrar por la puerta. «Está almorzando», respondió uno de sus subalternos que se entrevistó con ellos mientras redactaba un escrito (otro papel más) para enviárselo al jefe de servicio. «Cuando estábamos bajando nos cruzamos con Aragó mientras él subía, y le obligamos a que nos atendiera», explica Ismael. «Le transmitimos que estábamos muy preocupados por la salud mental de Cristina, y temíamos que pudiera hacer una tontería el día que la desahuciaran. Le dijimos que ha habido ya muertes evitables y cada semana tenemos ideaciones suicidas de familias en las asambleas», añadió el activista.

Ismael y Gonzalo pidieron a Aragó que explicara por qué la Generalitat no hace uso de la ley de «tanteo y retracto» que establece que puede quedarse con las viviendas que vayan a venderse a grandes tenedores por el mismo precio estipulado en la operación. Con esta ley, en el caso de València, se han llegado a comprar casas por un euro. Este instrumento logró que se compraran mil pisos en el último año de legislatura de la anterior coalición de izquierdas en la Comunitat Valenciana.

La respuesta de José Vicente Aragó, jefe de Servicios Territoriales de Conselleria de Vivienda, es muy significativa: «Sólo os puedo decir que lo único que puedo hacer yo es proponerlo a instancias superiores. Que yo soy un simple ejecutor y soy un técnico, a mí no me ha votado nadie. Tenemos órdenes estrictas y concretas para no ejercer en ningún caso el derecho de tanteo y retracto. Aquí no miramos las individualidades ni las características de los mil casos que nos llegan, automáticamente renunciamos. Es la nueva política que tenemos para todos los casos». Gonzalo, furioso, se pregunta «¿Entonces para qué le pagamos a esta gente?»

Meses después, el *Diari Oficial de la Generalitat Valenciana* (DOGV) del 31 de mayo de 2025 recogía la derogación del «decreto 6/2020, de 5 de junio, del Consell, para la ampliación de vivienda pública en la Comunitat Valenciana, mediante los derechos de tanteo y retracto». Es decir, el gobierno de PP y Vox rechazaba de plano hacer políticas de vivienda pública para las familias que van a ser desahuciadas. De hecho, la relación con los fondos buitre se parece bastante a la que un ciudadano tiene con la Administración. «El fondo suele dar falsas esperanzas y nos empieza a pedir muchísima documentación, una barbaridad de papeles que demuestran la situación de necesidad de la gente. Pero, al final, en el 99 % de los casos lo que ocurre es que los desahucian», explica Aradia Ruiz, abogada especialista en derecho a la vivienda.

Y sin embargo, es fundamental que los afectados como Ramón y Carmen lo hagan porque si no, ni tan siquiera prestan atención al caso. Todo certificado es poco para mostrar ante el juez que se trata de una familia vulnerable, como si tener ochenta años y estar en diálisis no fuera suficiente prueba de vulnerabilidad. El juzgado tiene en cuenta estas pruebas, pero lo normal es que tarde o temprano se inste al desalojo, pues el propietario tiene derecho a su vivienda. En el borde de ese abismo se sitúan miles de familias, con el desahucio a la vuelta de la esquina y sin poder pagar una vivienda en ningún sitio. Lo único que ha cambiado con el tiempo es que muchos albergues de València han cerrado porque están completamente llenos. La Administración, al menos en los últimos años, está demostrando ser ineficiente en los casos de extrema necesidad. Mientras, muchas familias caen de bruces al agujero de la pobreza extrema, del que es tremendamente difícil salir.

Composición de
Divarian Propiedad

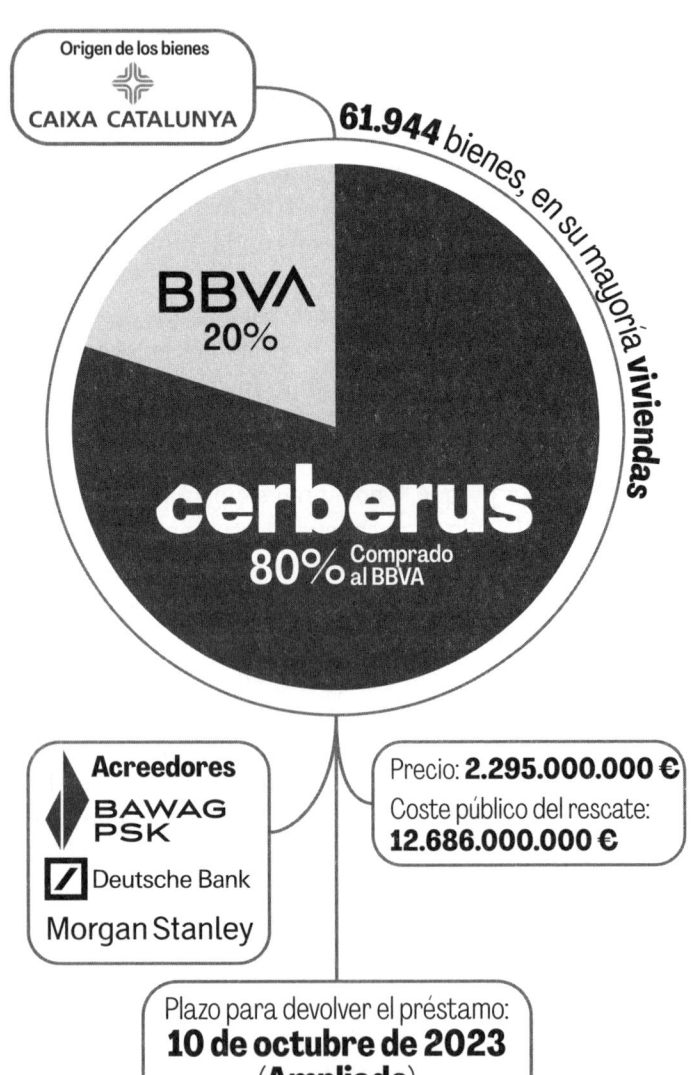

Origen de los bienes

CAIXA CATALUNYA

61.944 bienes, en su mayoría **viviendas**

BBVA
20%

cerberus
80% Comprado al BBVA

Acreedores

BAWAG PSK

Deutsche Bank

Morgan Stanley

Precio: **2.295.000.000 €**
Coste público del rescate:
12.686.000.000 €

Plazo para devolver el préstamo:
10 de octubre de 2023
(Ampliado)

Composición de
Promontoria Coliseum

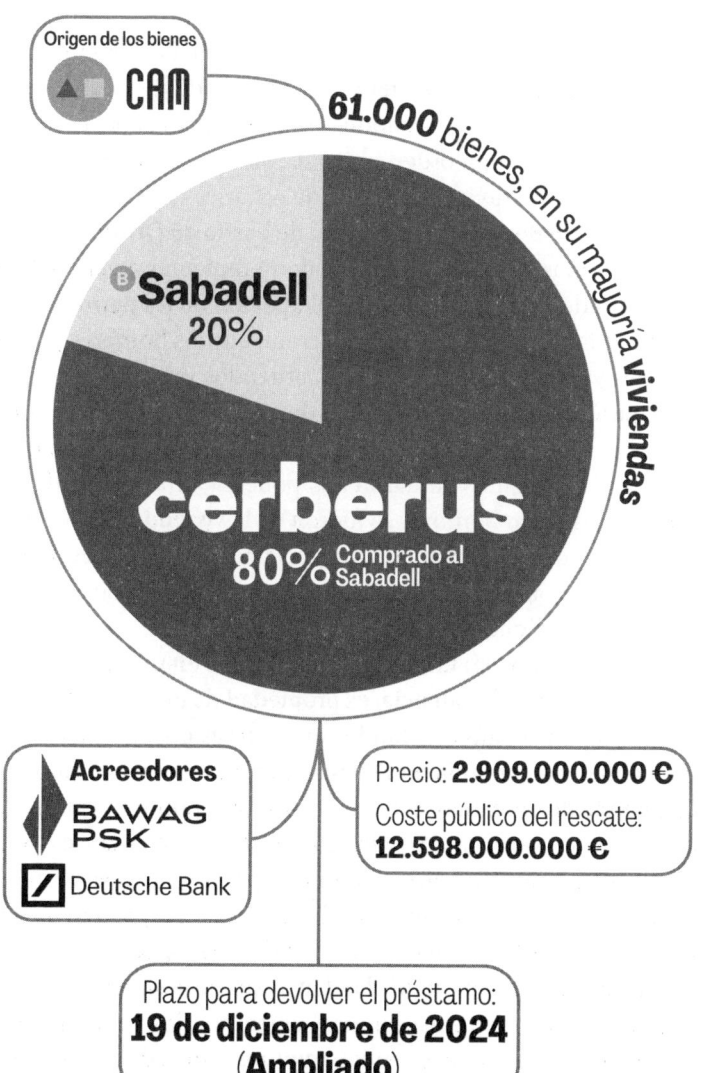

Origen de los bienes
CAM

61.000 bienes, en su mayoría viviendas

Sabadell
20%

cerberus
80% Comprado al Sabadell

Acreedores
BAWAG PSK
Deutsche Bank

Precio: **2.909.000.000 €**
Coste público del rescate:
12.598.000.000 €

Plazo para devolver el préstamo:
19 de diciembre de 2024
(**Ampliado**)

Las empresas de desokupaciones proliferan en València

Saray se despertó con varios golpetazos en la puerta de hierro de su piso. «Abro y me encuentro con cinco hombres enormes, tatuados, con chaleco y cinturón como los de la policía, diciendo que me vaya de mi casa», cuenta. Ella está embarazada de seis meses, y su marido se puso nervioso cuando le mostraron un papel del juzgado diciendo que era una orden judicial. Nada que ver. Era una forma de engañarles. Estuvieron a punto de echarles si no es por la Iglesia Evangélica de Barona y el sindicato de barrio de Orriols.

Las vecinas se plantaron en la puerta rápidamente, pero los trabajadores de esta empresa de desokupación no les permitieron pasar del rellano. Varios presentes cuentan que los hombres portaban tatuajes y estética ultraderechista, atuendos propios de vigilantes de seguridad y varios de ellos eran de gran envergadura. Pese a que no hubo agresiones, sí que se encararon con varias personas. Finalmente los vecinos llamaron a la policía y, ante la llegada de los agentes, los cinco hombres se fueron de la vivienda. Sí que amenazaron con volver. Durante las «negociaciones», los cinco hombres ofrecieron «500 euros si nos íbamos y 700 si dejábamos la casa antes de las tres», cuenta Saray.

El piso, situado en la calle San Juan de la Peña, en el corazón del barrio de Orriols de València, es propiedad de una SOCIMI, es decir, un instrumento para que fondos extranjeros puedan invertir en el mercado de la vivienda en España sin tener que pagar impuestos. La maraña de empresas se complica hasta el punto de que el rastro del dinero se pierde en un paraíso fiscal. Lo cierto es que es muy extraño que los fondos buitre usen este tipo de empresas ya que, por lo general, son muy conscientes de la legislación y saben que estas compañías bordean la legalidad cuando no se la saltan. «El dinero es muy cobarde, sobre todo el del inversor profesional», explica un arquitecto que trabaja asesorando a estos fondos. Precisamente su estrategia de permanecer en las sombras choca directamente con las formas «poco sutiles» de estas empresas para conseguir recuperar las viviendas. Para los fondos, es más efectivo ofrecer sumas de dinero o contratar empresas de recobro para tratar de recuperar el piso a base de llamadas. Si no, no tienen inconvenientes en acudir al juzgado a sabiendas de que, si son inquilinos morosos, tienen el caso ganado y recuperarán la vivienda antes o después.

Sin embargo, las empresas de desokupación han encontrado un filón y no paran de crecer en los últimos años. Esto se debe a que sí que son muy usadas por los inversores particulares que se han quedado con uno o varios pisos de estos fondos. Al no ser profesionales, muchos optan por esta vía, que se está viendo cada vez más en València, ya que los fondos se han desecho de buena parte de sus pisos, especialmente en los barrios conflictivos.

Aunque sea ilegal, estas empresas consiguen, como mínimo, su objetivo de amedrentar a los inquilinos u okupas y meterles el miedo en el cuerpo. «Te dicen que no te tiran a la fuerza, pero si abres la puerta de tu casa y ves a cinco tíos musculados de más de cien kilos cualquiera se asusta», dice una vecina.

Planes urbanísticos al servicio del capital

El periodista Jorge Dioni explica en su libro *La España de las piscinas* cómo el urbanismo no sólo cambia las ciudades, sino también a su gente. En concreto, habla de varios modelos de políticas urbanas: en uno de ellos, la Administración es la encargada de planificar el crecimiento de la ciudad, calcular cuántos colegios, ambulatorios o parques debía tener un futuro distrito. En el otro, esa tarea se externaliza a constructores y promotores que, por lo general, buscan maximizar sus ganancias poniendo las necesidades de la población en un segundo plano.

Así surge *La España de las piscinas*, una imagen que evoca a esos nuevos barrios para la clase media sin servicios públicos ni comercios, donde hace falta ir en coche a todos lados, pero con una comunidad de vecinos con piscina propia. La denuncia de Dioni es que los programas de actuación urbanística de las últimas décadas han servido más a los intereses de promotores y constructoras que a las necesidades reales de la población.

Un buen ejemplo es la zona norte de la ciudad de Alicante, que hoy en día vive una gran segregación social y un desplazamiento de las personas de renta baja. A esto hay que sumar que muchos de sus barrios, construidos en su día como vivienda promovida por el Estado para clases vulnerables, han caído en manos de fondos de inversión especulativa, que están provocando una expulsión a marchas forzadas de las clases bajas que, literalmente, ya no tienen a dónde ir.

El caso sirve para ejemplificar el proceso que han vivido muchos barrios periféricos que (con sus particularidades) han pasado por una historia similar. Para empezar a trazar la creación del plan urbanístico en Alicante hay que retrotraerse al periodo franquista, cuando la ciudad tenía una falta de vivienda asequible y necesitaba crecer. Lo hizo con la construcción de pisos en barrios como Carolines o el Pla, acompañado de un éxodo rural del campo a la ciudad. La gente necesitaba vivienda y para ello en 1956 se aprueba una nueva ley del suelo que permite a los promotores privados comprar terrenos a bajo coste en zonas periféricas sin prácticamente planificación urbana previa.

Al igual que en barrios como La Fuensanta en València o las 300 Viviendas en Burjassot, se fomenta la construcción de pisos de baja calidad. Todo ello mientras el Estado regaba con dinero a fondo perdido a los constructores, que además gozaban de suelo a muy bajo precio. Todo ello hacía que la gente humilde pudiera permitirse aquellas casas. Sin embargo, había aspectos negativos, como el nulo control sobre el proceso de urbanización. No había mecanismos para controlar la especulación, lo que permitió a los promotores priorizar sus beneficios rápidos antes que el bienestar de los vecinos.

El Plan General de Ordenación Urbana (PGOU), creado a tal efecto, se quedó corto muy rápidamente, con lo cual se planteó que la zona norte de Alicante alumbrara tres nuevos barrios: Juan XXIII,

Colonia Requena y Virgen del Remedio. Todos estos distritos tienen una historia marcada por la migración y la construcción descontrolada. El objetivo era alojar a varios grupos: primero, las propias clases trabajadoras de la ciudad que ya no se podían permitir viviendas en el centro ante la llegada de muchas personas a la urbe y la falta de pisos. El segundo grupo eran los migrantes de Murcia y Albacete que venían a trabajar. Hasta aquí, el proceso es similar al que siguieron barrios como Orriols en València donde se asentaron infinidad de migrantes manchegos. El tercer grupo —este más exclusivo de Alicante— eran los turistas o personas que compraban su segunda vivienda en Alicante, principalmente madrileños.

La mayoría de estas viviendas fueron promovidas por iniciativas privadas. Eso sí, con ayuda del Estado, que dio ayudas y préstamos para reducir el precio de las viviendas. Sin embargo, la falta de control hacía que no todo ese dinero fuera a su objetivo: una vivienda decente para la clase trabajadora; la realidad es que las empresas conseguían enormes beneficios a costa de las bajas calidades de los pisos.

Los servicios públicos en estos barrios eran prácticamente inexistentes al principio, igual que las conexiones con la ciudad. En algunas zonas no hubo colegio hasta los años setenta por falta de planificación, y el aprovechamiento de los bajos para viviendas hizo también muy difícil la aparición de comercios. Como resumen, fuentes del sindicato de vivienda de Carolines explican que «el beneficio para los promotores fue inmenso, pero se hipotecó el futuro desarrollo de la ciudad y este modlo afectó negativamente a los vecinos de estos distritos».

El urbanismo, como se ha dicho, cambia a la población, y la creación de estos barrios en la periferia norte de Alicante contribuyó significativamente a la segregación. Las viviendas sociales de baja calidad y los servicios urbanos insuficientes generaron hacinamiento y degradación. Barrios como las Mil Viviendas sufrieron de precarios, alta tasa de delincuencia y drogadicción. Una historia similar a la que narran algunos barrios de València. La segregación se acentuó porque los migrantes y rentas bajas se concentraron en la zona, debido al elevado precio de la vivienda en el centro.

A principios de los 2000 los barrios mencionados acogieron otra oleada de migración. Esta vez, sería extranjera y eran potenciales compradores. Adquirieron casas por un precio reducido y fueron los mismos vecinos quienes las vendieron, mudándose directamente a localidades cercanas donde la construcción estaba en auge, como Sant Vicent del Raspeig. Este fenómeno forma parte de la traumática burbuja inmobiliaria. En la década siguiente llegaron oleadas de inmigrantes a ambos barrios, ya sin poder adquisitivo y procedentes de África y América Latina. Tras la burbuja inmobiliaria y la crisis de 2008, muchos inmuebles quedaron vacíos, y de manos de los bancos pasaron a propiedad de fondos de inversión. Los poderes públicos no podían abastecer de hogar a las afectadas. Comenzaron las okupaciones. Los desahucios —en la zona norte de Alicante, en Orriols, la Fuensanta, o Burjassot— son el pan de cada día en la actualidad.

Claudia vive de okupa en Alicante con su madre desde que tenía 15 años. Ahora tiene 19 y ve cómo el panorama inmobiliario no hace más que empeorar. «En mi barrio conozco gente que alquila camas por 350 euros ¡Camas! No te estoy hablando de habitaciones, en una habitación puede haber 4 o 5 camas. La mayoría son inmigrantes y se aprovechan de ellos, pero están pagando 350 euros por dormir en una litera con más gente. Y si quieren empadronarse les cobran mil euros más», explica. Mientras, las viviendas en alquiler de su barrio se convierten en turísticas, adelgazando más aún el parque de alquiler residencial. Hay demasiada gente que vive en el alambre.

De barrio obrero a paraíso turístico

En el camino hasta llegar a la tienda de telas de Pilar, en plena calle Sueca, hay seis tiendas de alquiler de bicicletas para turistas. Su barrio está en las etapas finales de un duro proceso de gentrificación y turistificación. Desde los años 2000 hasta hoy, los vecinos de Russafa se están viendo sustituidos por unos nuevos habitantes del barrio, siempre de una clase social más alta. Es una de las consecuencias de ser uno de los barrios de moda de València.

La tienda de Pilar es casi un vestigio de tiempos pasados. Al llegar a la puerta podemos ver que se sitúa, literalmente, entre una tienda de alquiler de bicis y una inmobiliaria enfocada a extranjeros. En la acera de enfrente vemos dos edificios en obras, ella cuenta que hace nada vivían allí varios vecinos de toda la vida, pero que un fondo de inversión ha comprado sus casas para construir apartamentos vacacionales. También recuerda la tienda de ultramarinos de la esquina, donde solían fiarle, convertida hace unos años en otra tienda más de alquiler de bicis para *guiris*. Entramos a la tienda, donde Pilar nos cuenta su experiencia como afectada en el caso de Buenos Aires 31, en el año 2017. Este edificio situado en una tradicional calle de Russafa fue comprado por un gran fondo de inversión, que en cuestión de un mes expulsó a los vecinos del barrio donde se habían criado. «El problema ya no es ni siquiera que te echen de tu casa, te echan del barrio literalmente. Porque sales de ahí y no vas a encontrar un alquiler al mismo precio, lo encuentras al doble», lamenta Pilar. Ella llevaba viviendo quince años en ese edificio cuando le llegó el burofax que certificaba su extinción de contrato. Otros casos, como el de Juan, son todavía más sangrantes. Él recibió una indemnización cuando lo echaron (ya que no había finalizado su contrato) del piso donde nació su madre. Ninguno de estos vecinos vive en su barrio y la mayoría habita fuera de la ciudad.

La turistificación es una colonización silenciosa de los barrios. Una mancha de aceite que va extendiéndose lenta pero imparable desde el centro de las ciudades, y que cambia por completo la vida y la identidad de los distritos hasta transformarlos en un decorado de cartón piedra para turistas; en un gran hotel horizontal. Un proceso, el de vaciar València de valencianos o Alicante de alicantinos, alimentado por la industria depredadora de las ciudades que son los fondos de inversión.

«Primero son pequeñas tonterías, pero que te molestan, como ver los tenderetes de los turistas en mitad de la acera con su ropa, o a gente sin camiseta por barrios que son trabajadores. Después llegan los ruidos, porque al turista le da igual que sea martes o sábado, él está de vacaciones y a ti te toca llamar a la policía y la mitad de días ya no duermes. En cuatro días la peluquería de la esquina desaparece y te montan un *locker* de maletas, en un año el café pasa de valer un euro a 3,50, escuchas a mucha gente hablando inglés en el supermercado y ves las tiendas de alquiler de bicicletas surgir como setas. Al final, lo que era tu barrio deja de existir, los alquileres suben sin parar y tú te tienes que ir. Mejor dicho, te echan». La que habla es María, una vecina del barrio de la Malvarrosa, que toma su nombre de la playa urbana de València.

La Malva es uno de los barrios más populares de la ciudad por su constante lucha vecinal para mejorar las condiciones de sus calles y acabar con los problemas que genera el mayor mercado de la droga de València: las Casitas Rosas. Las protestas del vecindario han conseguido que se aumente la vigilancia policial y que se derriben algunos de los emplazamientos clave para el consumo y venta de droga como la plaza 7 de Octubre. Sin embargo, estas mejoras del barrio lo han puesto en el punto de mira de los fondos extranjeros, que se han lanzado a invertir para convertir un barrio obrero en el nuevo paraíso turístico de València, expulsando a sus vecinos por el camino.

El proceso comenzó hace unos años, pero el espolazo definitivo lo dio Roberto Centeno, yerno de Juan Roig y presidente del grupo inversor Atitlan, cuando en julio de 2024 dijo esto: «Es una barbaridad que la Malvarrosa no esté llena de hoteles de cinco estrellas y que en primera línea de playa haya un hospital, un instituto y viviendas VPO». Las declaraciones las hizo en una mesa redonda sobre las perspectivas del sector inmobiliario organizada por APD (Asociación para el Progreso de la Dirección) y el bufete Cuatrecasas. Centeno, en realidad, estaba verbalizando lo que piensa cualquier grupo inversor de lo que debería ser el frontal marítimo norte de València. Él apostaría por un enclave lleno de «hoteles de cinco estrellas» y no «infraestructuras lejanas a una ciudad de primer nivel». «València es una ciudad que no se ha creído su potencial. Ha tenido que venir gente de fuera a enseñárnoslo», afirmó. En realidad, tiene razón.

Centeno, por otro lado, habló de los compradores extranjeros de vivienda que en algunas comunidades como Baleares son el origen de los graves problemas de precios, pero que aquí, sin embargo son «una bendición» y una oportunidad. Las palabras provocaron una oleada de críticas por parte de asociaciones vecinales. La asociación de vecinos del Cabanyal-Canyameral (al lado de la Malvarrosa) criticó que el inversor no tuviera en cuenta la gente que vive en esa zona «antes con la destrucción y tugurización». «Ahora, con el descubrimiento de esta nueva playa turística sabemos que estorbamos», añadieron. «¿Quieres jugar al monopoly con la Malvarrosa?» le reprochó la Associació de Veïns del Carme, una de las más activas contra la turistificación. El arquitecto y experto en vivienda David Pérez Royo considera, sin embargo, que «no tenemos un problema de turismo, tenemos un problema de vivienda. El turismo no es el responsable de que la gente no pueda pagar su casa».

Los extranjeros ya compran una de cada tres viviendas

El territorio valenciano sigue estando en el punto de mira de los extranjeros para vivir, y por tanto de los fondos para invertir y buscar rentabilidades muy elevadas. Tanto es así que los extranjeros ya compran una de cada tres viviendas que se firman en la Comunitat Valenciana (un 30%), según consta en el *Anuario 2023 de la Estadística Registral Inmobiliaria* publicado por el Colegio de Registradores. En ese documento se refleja que se realizaron unas 95.600 compras de inmuebles en la autonomía valenciana en un año, y unas 28.000 las compraron personas procedentes de otros países, en una tendencia que lleva siendo estable desde el año 2014. Alicante es la provincia de toda España favorita de estos ciudadanos extranjeros, donde casi la mitad de las casas las compran ellos. El encanto de la Comunitat Valenciana solo se ve superado por Baleares, donde la compra de vivienda por foráneos alcanza el 31,5 %.

Los británicos son los que más viviendas compran en territorio valenciano, protagonizando una de cada diez operaciones. Le siguen otras cinco nacionalidades de países de la Unión Europea, como Bélgica (7,8%), Países Bajos (7,3%), Alemania (6,3%), Polonia (6,2%) y Francia (5,6%).

Sin embargo, la compra de vivienda por parte de extranjeros es sólo la punta del iceberg de la turistificación ya que, en este caso, hablamos mayoritariamente de personas que buscan una residencia para verano o pasar su retiro en España. «No tenemos problema con que vengan extranjeros a vivir, pero es que esta gente no viene a eso. Son "expats" (personas que teletrabajan y son nómadas visitando países) o jubilados que sólo quieren el piso para el verano. Ninguno de ellos se va a preocupar por el barrio y lo que hacen es, poco a poco, destrozar el tejido social», lamenta María, también conocida por su activismo contra los pisos turísticos desde su cuenta de Instagram llamada La Mataobras.

Por otro lado, la popularidad de la costa valenciana y el deseo de muchas personas de comprar vivienda aquí alimenta otra industria que modifica profundamente los barrios, la de los apartamentos turísticos. Los datos actuales son los siguientes: la Comunitat Valenciana tiene 105.100 viviendas turísticas, frente a las 11.000 que ofrece en alquiler residencial en las distintas plataformas. De esas:

72.769 están en Alicante, 16.677 en València, 14.663 en Castellón. Los pisos de alquiler turístico se concentran en la costa y en las grandes ciudades.

La razón por la que muchos fondos de inversión y particulares se han lanzado a invertir o montar apartamentos para turistas es muy sencilla y basta un ejemplo para explicarla. Según consultoras como AirDNA, un piso turístico de 20 m² puede generar una rentabilidad de 13.000 euros en ciudades como València. En agosto los precios medios rondan los 193 euros al día de media en València. No hablamos ni siquiera de pisos al lado de la playa.

En Alicante ciudad hay 3.999 apartamentos turísticos y 971 viviendas en alquiler. Es decir, hay 4 veces más alquiler turístico que convencional. Sólo hay 100 pisos por 800 euros de alquiler o menos, y de esos solo 60 tienen más de 60 m².

En València ciudad hay, oficialmente, 7.290 apartamentos turísticos, aunque algunas webs que recopilan los anuncios colgados en las principales plataformas (Airbnb, Booking, Homeaway, Tripadvisor) arrojan que hay casi 11.000 a diciembre de 2024, lo que indica que existe un gran mercado negro de pisos turísticos ilegales. El consistorio, de hecho, cifra que los apartamentos ilegales pueden rondar un 40 % de la oferta, ya que hay muchos otros que se anuncian por Facebook o Instagram, sin pasar ni siquiera por estos portales. Por otro lado, València tiene 1.951 viviendas en alquiler convencional. Es decir, hay 5,5 veces más alquiler de temporada o para turistas que de larga estancia. En la capital del Turia solo quedan ocho pisos por menos de 800 euros (a marzo de 2025), y de esos solo tres tienen más de 50 m². Son los datos realizados en una búsqueda rápida que probablemente a día de hoy varíen, porque esos pisos se alquilan en horas. Por otro lado, hay 36.500 camas (plazas) en apartamentos turísticos en la ciudad.

En el *top hosts* figuran empresas turísticas como VLC Host (196 apartamentos), Singular Stays (115) o Valencia Guest (79). Sin embargo, hay uno de ellos que destaca, y es Alexandra, con 147 pisos, Alberto con 60 o Julio con 50. Detrás de ellos, empresas turísticas que quieren hacerse pasar por particulares para vender un trato más cercano, como si de un vecino de toda la vida se tratase.

Lo cierto es que esta es una realidad sobre la que no hay muchos datos, pues los primeros que se tienen datan de enero de 2019, donde ya había 9.100 apartamentos turísticos colgados en las distintas plataformas de la ciudad. El centro histórico es el distrito que está en cabeza, con 8.400 plazas en pisos turísticos, le sigue la playa y Poblados Marítimos con 7.151, Ruzafa y Ensanche con 7.034 y la Ciudad de las Artes y las Ciencias y Alameda con 6.884.

La turistificación, unida a otros procesos, ha sacado decenas de miles de pisos del mercado de alquiler, lo que ha aumentado los precios en una especie de onda expansiva que ya llega hasta a las localidades cercanas a la ciudad, sobre todo a las que están bien conectadas con transporte público. En el área metropolitana de València, donde muchos buscan alquileres más baratos, la cosa no mejora mucho. Paterna tiene 72 pisos en alquiler, solo 4 de ellos por menos de 800 euros y solo 2 de más de 60 m², uno de ellos sin amueblar. En Burjassot sólo hay 1 piso de alquiler por menos de 800 euros, es un estudio de 26 m². En Torrent sólo hay 3 pisos por menos de 800 euros de alquiler. En Catarroja solo hay 4. En Mislata no hay pisos por menos de 800 euros y solo uno por 900.

En Castellón de la Plana hay 500 apartamentos turísticos y 115 viviendas de alquiler. Es decir, casi 4 veces más alquiler turístico que residencial. De esas, solo 78 tienen un alquiler de 800 euros o menos, 66 de más de 60 m².

Una moratoria tardía

El crecimiento exponencial en el número de apartamentos y las quejas de los vecinos obligaron a la alcaldesa María José Catalá (PP) a suspender durante un año las nuevas licencias. Una moratoria que no tuvo demasiado efecto, ya que días antes de su entrada en vigor se demandaron 600 licencias de golpe, frente a las 50 que venían pidiéndose en los meses anteriores.

Entre 2023 y 2024 la oferta de este tipo de alojamientos se disparó un 40 %,[13] con 3.297 apartamentos ilegales (que figuran en plataformas pero no en el registro oficial), muchos de ellos en barrios de familias trabajadoras. Esto sucede porque los distritos con un mayor potencial turístico como el Cabanyal, a pie de playa, están especialmente saturados, y los inversores se han lanzado a comprar bajos en distritos como Ayora, el barrio colindante al anterior, que es el que más está creciendo en número de plazas de apartamentos en el último año, destrozando por el camino el comercio local. También se ha disparado un 211 % en barrios como Soternes, un 107% en Benicalap o un 100% en La Saïdia, entre otros.

Colectivos ciudadanos como La Mataobras tratan de visibilizar y luchar contra esta lacra. Tan solo María, su creadora, lleva más de 300 apartamentos ilegales denunciados al consistorio, pero explica que la falta de inspectores hace que muchas denuncias no prosperen. Su caso es uno de tantos ejemplos. «Estaba en una reunión de trabajo y una vecina me llamó porque estaban haciéndome un agujero enorme en la terraza. Me fui corriendo a mi casa en cuanto pude y me lo encontré. El cartel decía que estaban haciendo obras para la aluminosis, pero yo sabía que no era para eso. Cuando me acerqué les pregunté qué estaban haciendo y me contestaron "tenemos permiso de la presidenta de la comunidad", pero la presidenta de la comunidad era yo. Me informé todo lo que pude sobre lo que estaba pasando y hasta tuve una reunión con el concejal de turno que me dijo que esa obra era ilegal porque no tenía ninguna licencia, pero como era pleno agosto hasta septiembre no podían hacer nada porque la inspección estaba de vacaciones. Cuando llegó septiembre el apartamento estaba hecho sin licencia, y lo acabaron legalizando». En la mayoría de los casos, la falta de inspectores y la lentitud de la Administración provocan que la obra acabe antes siquiera de que la manden a revisar. Además, según explica, no hay prácticamente trabajo de oficio y depende de los

---

13 Datos de las propias plataformas hechos públicos por la oposición del Ayuntamiento de València.

vecinos denunciar para que el Ayuntamiento actúe ante una de estas obras sin licencia.

Pese a todo, María no se rindió y decidió poner de acuerdo a todas sus vecinas para demandar esa obra ilegal. Cambiamos los estatutos para que no pudieran hacer viviendas turísticas y la inversora, que es española, me dijo «voy a hacer lo que me dé la gana. Aquí y en toda València». «Aunque nosotras lo conseguimos y estamos en proceso de cerrar esos apartamentos, es muy difícil convencer a todos los vecinos de hacer un desembolso de dinero en un abogado, ellos juegan con eso», explica María.

Por ese motivo ahora el colectivo se centra en que las comunidades de vecinos modifiquen sus estatutos para prohibir las viviendas turísticas antes de la llegada de la empresa. «Muchas familias no llegan a tiempo y me dicen "si te hubiera hecho caso antes María, esto es un infierno". La gente no se lo imagina, pero tener viviendas turísticas bajo de casa puede llegar a ser muy molesto».

Para María, la moratoria anunciada en 2024 llega muy tarde, y carga sus dardos contra el anterior gobierno progresista (PSPV-PSOE y Compromís) que gobernó la ciudad entre 2016 y 2023. «¿Es que no habían visto lo que estaba pasando en ciudades como Málaga, donde el pequeño comercio ha desaparecido? Estábamos viendo las consecuencias en España y otras partes del mundo, no pueden decir que no sabían lo que iba a pasar o que pensaban que no iba a ser para tanto. La realidad es que miraron para otro lado y no lo regularon cuando había que hacerlo, antes de que la ciudad estuviera acribillada», reivindica.

Detrás de esta miríada de apartamentos turísticos hay un hilo conector claro, el de los fondos de inversión extranjeros. Directivos de grandes fondos que prefieren mantenerse en el anonimato confirman que una gran parte de los pisos que adquirieron a los bancos a precio de remate en 2019 han sido comprados por otros fondos más pequeños y han acabado ofertándose como apartamentos turísticos. Y así, donde antes había pisos de alquiler, ahora hay Airbnb para turistas. Ellos fueron los primeros en llegar y en plantar la semilla, luego se sumaron a la fiesta otros fondos que, pese a las regulaciones, han centrado sus inversiones en comprar bajos o edificios enteros para echar a sus inquilinos y convertir la finca al completo en turística, los dos principales vacíos legales por los que se cuela esta industria de los apartamentos vacacionales. En muchos casos los bajos están vacíos, pero en otros los fondos hacen ofertas irrechazables a comercios locales como carnicerías o ferreterías, cuyos propietarios deciden vender.

«No es turismofobia, es vecinofilia»

Esos años clave para la regulación (2016-2023) fueron los que socavaron la identidad de los barrios y arrancaron a muchos de sus vecinos de sus redes de apoyo. «Se habla poco de cómo afectan estos procesos al tejido social de los barrios. Y con tejido social me refiero, por ejemplo, a los cuidados mutuos. A estar desayunando en el sitio de siempre y pensar que hace mucho tiempo que no ves a doña Amparo, que venía todos los días a tomarse su bombón, y que quizá le puede haber pasado algo. Ningún turista se va a preocupar por esa mujer, la red de vecinas sí», explica La Mataobras.

Aunque la subida de los alquileres o incluso la no renovación de contratos es la forma principal de expulsión de los barrios, también hay otras. «La gente tiene que hacer de su casa un hogar para vivir ahí, y hogar significa tranquilidad. El turismo descontrolado acaba por quitarte la tranquilidad de vivir en tu casa, y al final mucha gente acaba yéndose a sitios donde pueda estar tranquila. Antes o después, las viviendas se acaban vaciando y el vecindario se va».

Otra realidad que suele pasar bajo el radar es la capacidad de absorción del turismo que tiene cada barrio. «En algunos barrios hay líneas de autobús públicas que están completamente copadas por turistas, y la saturación también se ve en las urgencias, porque los turistas también tienen accidentes», explica María. «A eso hay que añadir la basura que generan o el consumo de agua, mientras no pagan ni un euro de tasa turística, es decir, que con nuestros impuestos sufragamos todo ese gasto», cuenta.

Colectivos como La Mataobras han recibido multitud de críticas del sector inmobiliario y de partidos conservadores. «Nosotras siempre decíamos que no es turismofobia, es vecinofilia, pero ahora hemos acabado diciendo que lo que hay es vecinofobia. A los turistas ahora les sale más económico el transporte público o el Valenbisi si cogen un abono determinado. Al final los vecinos de València vamos a tener que hacernos pasar por turistas porque nos sale más a cuenta», explica.

Todo esto, unido al desembarco de los fondos de inversión, ha sumido al vecindario de muchos barrios en un estado de miedo permanente. «Casi prefieres que no te arreglen el descampado porque si dejan el barrio más bonito van a empezar a acribillarlo con apartamentos turísticos y tu vida va a empeorar», explica María.

La sensación es que la ciudad se desarrolla por y para el turista. «Ahora se está hablando mucho de que hay que construir vivienda, pero si esa vivienda se construye para el bolsillo extranjero no nos vale de nada. Al final la sensación que tenemos las vecinas es que la propia ciudad te expulsa porque todas las decisiones se toman para favorecer al de fuera, y no para proteger a los vecinos y vecinas», lamenta.

Esta sensación, o mejor dicho, este proceso, se manifiesta de muchas formas y muy distintas. «Ahora en muchos barrios estamos viendo los típicos papeles de "Me llamo Carolina y quiero comprar un piso, llámame". Si te mueves por València resulta que Carolina está buscando piso hasta en otros pueblos, y lo que hay detrás es una inmobiliaria que necesita pisos en cartera porque se lo están pidiendo extranjeros con mucho poder adquisitivo».

Incluso tras la tragedia de la dana la maquinaria no se detuvo. «Mi madre vive en Paiporta y es afectada, y un día sacando cosas de su garaje vi a un chico muy bien vestido, de traje y corbata, acercándose a bajos de la zona. Nos ofrecía comprarlo por una cantidad ridícula. Luego descubrimos que era parte de un grupo inversor que quería aprovechar la tragedia para hacer negocio», explica.

Distribución de **viviendas turísticas** en la Comunitat Valenciana

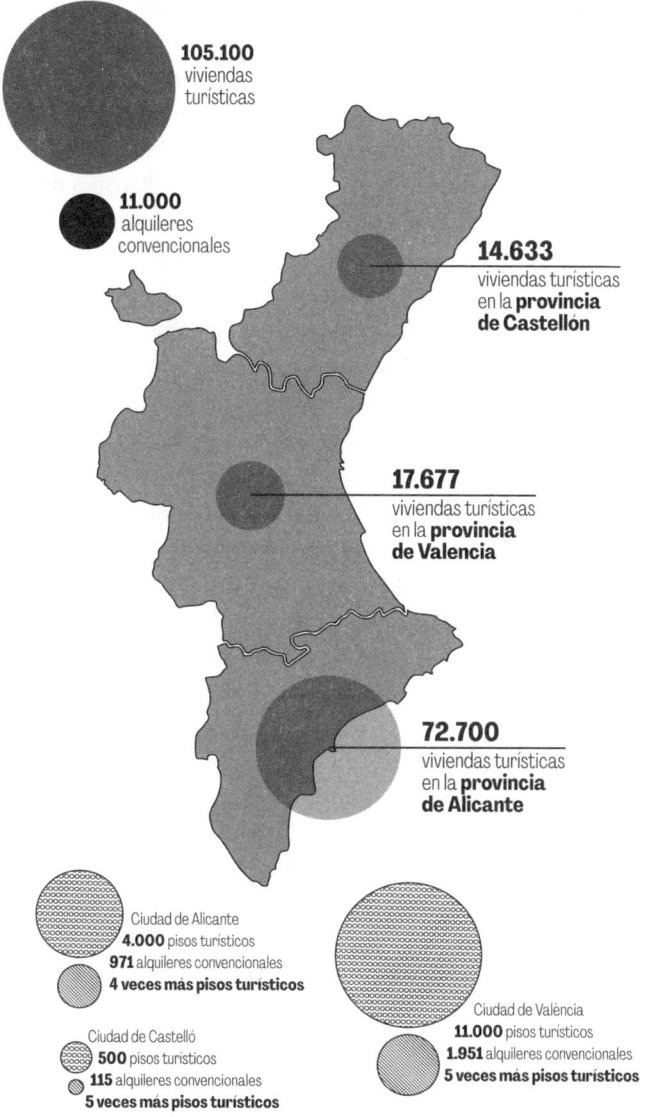

105.100
viviendas
turísticas

11.000
alquileres
convencionales

14.633
viviendas turísticas
en la **provincia
de Castellón**

17.677
viviendas turísticas
en la **provincia
de Valencia**

72.700
viviendas turísticas
en la **provincia
de Alicante**

Ciudad de Alicante
4.000 pisos turísticos
971 alquileres convencionales
4 veces más pisos turísticos

Ciudad de Castelló
500 pisos turísticos
115 alquileres convencionales
5 veces más pisos turísticos

Ciudad de València
11.000 pisos turísticos
1.951 alquileres convencionales
5 veces más pisos turísticos

Russafa se muere de éxito

La manera más habitual de expulsión en Russafa, uno de los barrios del centro de València, es el aumento del precio del alquiler. «O eso o que directamente el propietario no te renueve porque ha decidido vender la vivienda a un fondo de inversión», lamenta un portavoz de la asociación Russafa Veïnal. Los datos hablan por sí solos, l'Eixample se ha convertido en uno de los distritos más caros de toda España en cuanto a precio por metro cuadrado. El caso del barrio de Russafa destaca por ser víctima de dos procesos a la par, el de gentrificación y el de turistificación, ambos derivados del crecimiento inmobiliario. Para la Plataforma per Russafa, el barrio ha pasado por cuatro etapas hasta llegar a la situación actual: abandono, estigmatización, regeneración y mercantilización.

En el principio de los 2000, Russafa vivió una ola de inmigración que pobló el barrio. Aunque los vecinos se vieron abandonados por el Ayuntamiento en un distrito cada vez más conflictivo, volvieron a ver cómo se tejían relaciones sociales entre la comunidad. Pero tras la crisis, el barrio comenzó a revalorizarse y los residentes empezaron a ser expulsados, hasta llegar a la situación actual. «El proceso de gentrificación ha sido rapidísimo, en la calle Sueca hay otro edificio para turistas en construcción, en Dénia y en Cádiz, dos más La gente se ha encontrado en esta situación sin saber muy bien qué hacer más que plantearse dónde están los derechos de los inquilinos. ¿Que lleve quince años viviendo en un piso no me garantiza nada?», señala Pilar, quien advierte que el barrio de Russafa —un espejo para cualquier barrio céntrico de las grandes ciudades— está cambiando a marchas forzadas.

Ciutat Vella, de cartón piedra

El barrio de Ciutat Vella, situado en el casco antiguo de la ciudad, es el segundo distrito con más viviendas en alquiler turístico de toda València, con 3.391. El problema del casco antiguo de la ciudad, al contrario que en Russafa, es la turistificación de sus calles, con la máxima expresión en el barrio de Sant Francesc, un distrito totalmente tercializado. Para los vecinos, este proceso comenzó hace una década, sobre todo con el crecimiento de la burbuja inmobiliaria anterior a la crisis, pero no fue hasta hace poco cuando empezaron a notar un crecimiento mucho más rápido del turismo. Según Lluís Mira, portavoz de la plataforma Veïnat en Perill d'Extinció, los efectos sobre el vecindario han sido varios: «Nos hemos dado cuenta de que el turismo ha aumentado muchísimo estos últimos años y eso ha minado la calidad de vida de los residentes, sobre todo porque han cerrado los negocios de proximidad —lo que nosotros llamamos "tiendas de toda la vida"— y sobre todo los precios han subido muchísimo, aquí una cerveza te puede costar tres euros y medio fácilmente». Por supuesto, Ciutat Vella es uno de los distritos de València donde más han aumentado los alquileres.

Quedarse a vivir en Ciutat Vella es una misión prácticamente imposible por varios factores. Para Lluís Mira, las causas de la expulsión del vecindario son muchas. «Hay bastante gente expulsada por la subida de los alquileres, que es un efecto directo del turismo, pero yo no diría que es la causa fundamental de las expulsiones. Conocemos muchos casos de gente que, cuando tiene el segundo hijo, cambia de barrio y se va a otro con más parques, colegios, instalaciones deportivas Es como una especie de autoexpulsión». Aunque desde el consistorio aseguran que se está trabajando para fomentar las viviendas residenciales en el barrio, la percepción de los vecinos es otra. «La llegada masiva de turistas al barrio ha afectado mucho a las relaciones sociales entre los vecinos de toda la vida. Si la gente en la que confío para cuidar de mi hija en una urgencia desaparece, se nos va a quedar un barrio muy bonito, pero de cartón piedra, sin gente viviendo dentro», lamenta Paula, una vecina.

La turistificación está provocando un fenómeno curioso en todo el distrito: la desaparición de los falleros del centro de València. «Cada vez hay menos casales, y los que quedan se llenan con personas que tienen que venir desde otros barrios porque se tuvieron que ir por el precio de los alquileres. Poca gente valenciana de toda la vida vive en el centro de València. Por el turismo nos estamos quedando sin falleros», explica La Mataobras.

Hotel horizontal Cabanyal

El Cabanyal narra desde hace años una historia nueva en la que sus vecinos ya no son parte del argumento. Hace décadas, el Ayuntamiento planificó derribar 1.600 viviendas con la intención de prolongar la avenida de Blasco Ibáñez hasta el mar. El famoso plan PEPRI se encontró de frente con un vecindario dispuesto a poner el cuerpo entre sus casas y las excavadoras, y aquella movilización terminó preservando el viejo barrio marinero, declarado Bien de Interés Cultural (BIC). Sin embargo, la pugna con el Ayuntamiento dejó un paisaje de viviendas en ruinas y un tejido social dividido entre los vecinos con recursos y otros desplazados a la llamada «zona cero» para que se convirtieran en agentes de degradación.

Hoy esas calles de la «zona cero» también son el epicentro de una nueva lucha. Las vías paralelas al mar han cambiado la ruina por el turismo. Según consta en el registro de viviendas turísticas de la Generalitat Valenciana, la calle José Benlliure es la que más apartamentos legales tiene de toda València con un total de 59.[14] Se trata de una calle larga con más de trescientas puertas y los alojamientos están repartidos en toda su extensión, pero no deja de ser significativo que uno de los puntos más castigados durante años se esté convirtiendo en el gran hotel horizontal de València.

Porque no solo José Benlliure se ha llenado de pisos turísticos. La calle Escalante, con 39 apartamentos registrados en el listado de la Generalitat; Progreso, con 55 pisos turísticos; Lluís Navarro, con 42, y Barraca, con otros 36 apartamentos turísticos, configuran un mapa que pocos vecinos y vecinas imaginaban a día de hoy. Entre las cinco calles que el ejecutivo municipal quiso rajar para abrir

---

14 Datos del visor de apartamentos turísticos de València disponible en InsideAirbnb.

Blasco Ibáñez al mar suman un total de 231 viviendas para turistas. Y es importante insistir en que se trata de oferta legal; la web quenotetiren.com de Compromís aporta además varias decenas de bajos y obras ilegales en la misma «zona cero» del Cabanyal. Y en el mapa de Visit Valencia con la oferta en plataformas este es uno de los lugares más abarrotados.

De hecho, la otra vía de la ciudad con el récord de 59 apartamentos registrados es calle de la Reina, menos «zona cero» pero también Cabanyal. Y se salvan de la condensación de alojamientos las calles más afectadas por los derribos, Sant Pere y carrer dels Àngels, donde todo lo que se está haciendo en materia de vivienda es sacar a la venta las casas semiderruidas mediante el Plan Cabanyal-Canyamelar.

O mejor dicho, se salvaban. Un fondo buitre alemán lleva años comprando y tramitando licencias para instalar apartamentos turísticos en inmuebles de estas y otras calles del barrio de pescadores, casi siempre bloques completos de nueva planta o viejos inmuebles familiares en ruinas de una a tres alturas. Es un actor de tantos que practica la filosofía de Roberto Centeno y ve «el potencial» que tiene el barrio marinero de València.

Smc Cabanyal Real Estate SL tiene 17 edificaciones para las que está tramitando el cambio a uso hotelero o apartamentos turísticos. Además, fuera de los expedientes por resolver, controla otros edificios con la licencia turística suspendida o promociones de uso residencial en las calles Historiador Coloma, Progreso o Escalante. En total, este fondo tiene 25 inmuebles en el barrio con la intención de colocarlos en arrendamiento turístico. De una u otra forma.

Porque hay varias formas. Según explica la Mataobras, estas sociedades siempre han encontrado salvoconductos para poder hacer negocio turístico con las viviendas en las que invierten. «Hay una moratoria para viviendas turísticas, pero sí que se pueden hacer los llamados hotel-pensión horizontal, que son muy similares. También está permitida la compra de edificios enteros, ya que en la moratoria sólo entran apartamentos sueltos. Así que muchos fondos se están lanzando a comprar fincas en barrios trabajadores. De una forma u otra siguen extendiéndose los apartamentos».

Otras formas son más caseras y utilizadas por los pequeños inversores, como por ejemplo anunciar tu piso en Facebook. «No los anuncian en ninguna plataforma de alquiler turístico, así que a los vecinos que han querido denunciarlo les ha tocado hacer fotos a los turistas con las maletas saliendo de la vivienda. Luego el propietario puede decir que son familia», explica la Mataobras. Sin embargo, la mayoría de apartamentos ilegales están a la vista en plataformas como Airbnb. «Lo pusimos encima de la mesa el año pasado cuando entidades del barrio de Benimaclet hicieron trabajo de campo y detectamos más de cien viviendas turísticas publicitadas pero que no estaban en el registro del Ayuntamiento», reivindican.

La respuesta del consistorio es, casi siempre, desidia y falta de inspectores, pero el colectivo de la Mataobras ha puesto otras medidas encima de la mesa. «El Ayuntamiento puede cortar la luz y el agua en cualquier casa. Pues que lo haga, porque además no es muy complicado. No lo hacen porque en el fondo no hay voluntad política de que esto pare. Ningún político en su sano juicio va a decir que su objetivo es que la vivienda suba, pero creo que hay muchos que están en ese juego», cuenta María.

Aunque muchas de las propiedades fueron adquiridas en 2019 a grandes fondos buitre, Smc Cabanyal Real Estate SL ha ampliado la cartera de activos. De hecho, en junio de 2024 inició el expediente para levantar un edificio de dos viviendas turísticas en la calle Progreso. Cabe recordar que la moratoria de viviendas turísticas entró en vigor el 30 de mayo del mismo 2024, pero el Cabanyal quedó fuera porque contaba desde 2023 con una regulación propia establecida en el Plan Especial del Cabanyal-Canyamelar (PEC), que limitaba la implantación de viviendas turísticas a un 10% por manzana.

La proliferación de bajos turísticos va ligada al cierre de comercios tradicionales y al incremento de los precios de la vivienda, de alquiler y compra. Y eso dispara la conflictividad y el malestar. Y más en un barrio como el Cabanyal, acostumbrado a la movilización social. De hecho, activistas del Sindicat d'Habitatge llegaron a vandalizar varios apartamentos para poner en el foco del debate un modelo de negocio que está cambiándole la cara y dejando sin personalidad al Cabanyal. El carisma y el alma de los barrios son la materia prima de la industria de los apartamentos turísticos, pero el modelo está viciado, y cuanto más se expande más tocada y más vacía de personalidad queda la ciudad. Hasta que un día no quede rastro de la belleza del barrio marinero.

«Cada vez hay menos edificios con *rajoleta* (azulejo) azul, típico en el Cabanyal por su herencia pesquera. La arquitectura tradicional tan bonita que le daba vida e identidad al barrio está desapareciendo pese a estar teóricamente protegida», cuenta María. La razón es precisamente la plaga de apartamentos turísticos: «quieren ahorrar costes y acaban haciendo edificios en una especie de estilo Bauhaus barato que no pega ni con cola en el barrio, y cada vez ves más casas que son estéticamente feas, o al menos que no casan con la arquitectura tradicional que le daba encanto al barrio. Los azulejos los rompen y los tiran, y es una pena porque es como vaciar de alma al distrito», explica. Otras ciudades, como Oporto, están viviendo directamente un expolio que consiste en arrancar azulejo histórico de sus fachadas para su venta en mercadillos y anticuarios para turistas.

The Guardian incluyó al Cabanyal entre los diez barrios «más cool de Europa». Y ese tipo de halagos no siempre sale gratis.

84.000 viviendas en manos de grandes tenedores

El negocio de la turistificación, junto a la venta masiva de pisos en manos de los fondos buitre viene de la mano con otro cambio en el panorama inmobiliario: la división de la sociedad entre rentistas (o grandes tenedores) y propietarios. Una brecha a la que apuntan varios directivos de fondos de inversión consultados.

Como explica el economista Eduardo González de Molina, «hay un mito que se ha generado sin datos que lo avalen, y que hasta hace unos años podía ser cierto. El mito de que el 95 % del mercado del alquiler era de pequeños propietarios. Se repitió hasta la saciedad. Hoy tenemos datos precisos de Hacienda que se refieren al mercado legal. Hacienda estima que hay un 20 % del mercado en negro, que no paga impuestos. Ese no lo vemos, pero del 80 % que sí vemos, resulta que el 50 % de las viviendas la tienen grandes caseros con más de cinco pisos», explica.

¿Qué ha sucedido y qué está sucediendo? Para empezar, el 50 % de las viviendas compradas en España desde el año 2008 hasta hoy han sido por grandes tenedores. «Aquí algunos son figuras jurídicas como fondos, pero muchos otros son rentistas con ocho o diez viviendas», explica.

El segundo dato es que seis de cada diez viviendas en España se compran a tocateja (el 70 % en la Comunitat Valenciana). «Lo que está ocurriendo es que las familias que quieren acceder a una vivienda para vivir son expulsadas por una competición que es David contra Goliat. Hay fondos —o personas extranjeras— que tienen capacidad de acumular mucho capital y comprar a tocateja, por tanto muchas familias que hubiesen comprado hoy no pueden porque el piso se lo queda el inversor». Un gran tenedor que, por lo general, «sólo busca la maximización de la rentabilidad con estrategias de alquiler muy agresivas que disparan los precios. Ese está siendo el perfil». A esto es importante añadir la influencia de algunos fondos, sobre todo de los más grandes y estadounidenses: «hay toda una pelea de *lobby* con los poderes públicos para que haya la menor regulación posible y la menor protección a los inquilinos».

Según los últimos datos del Catastro revelados por *elDiario.es*, España tiene más de un millón de viviendas en manos de grandes propietarios con más de diez pisos. De hecho, la media es de 39 viviendas, aunque sólo diez propietarios suman más de 200.000 inmuebles. Eso supone casi una de cada diez viviendas de alquiler.

España tiene un parque de 24 millones de viviendas. El 76 % de los hogares habita en un piso en propiedad, mientras que el porcentaje de quienes viven de alquiler, sobre todo entre los más jóvenes, no para de crecer. Según los últimos datos del Banco de España, ha habido un aumento de 1,3 millones de hogares en alquiler desde 2006 haseta los 3,6 millones de inmuebles. Un aumento que parece que va a ir a más, y una oportunidad de inversión para grandes tenedores y fondos. En el mercado del alquiler aún predominan los pequeños y medianos propietarios, sin embargo economistas como Molina afirman que hemos entrado en una tendencia para que los grandes caseros acaben con la mayor parte del pastel.

Pongamos como ejemplo la Comunitat Valenciana; más de 84.000 viviendas están en manos de grandes tenedores con más de diez pisos. Son 50.000 en València, 39.000 en Alicante y 14.000 en Castellón. La mayoría de ellas se concentran en las grandes ciudades y área metropolitana. Si nos fijamos en la oferta, la Comunitat tiene 11.600 viviendas en alquiler convencional, pero 105.000 en alquiler turístico, es decir, diez veces más. El peso de los grandes tenedores en el mercado del alquiler sería —descontando viviendas vacías— de un 8,5 % en España, llegando al 15 % en Canarias, 14 % en Madrid o 11,5 % en Cataluña. En la Comunitat Valenciana, por su parte, el control de la vivienda disponible por grandes propietarios es de un 6 %. Sin embargo, esta cifra se dispara significativamente si nos fijamos en las ciudades de València y Alicante.

Por otra parte, hay 43.000 viviendas en la Comunitat Valenciana (la mitad del total) en manos de grandes tenedores con más de 100 pisos en propiedad. Son 20.000 pisos en la provincia de València, 17.000 en la provincia de Alicante y 6.000 en la provincia de Castellón. Si nos fijamos en las ciudades, la cosa empeora. València tiene 33.268 pisos en manos de grandes tenedores con más de cinco viviendas, lo que representa un 8% del parque total de vivienda. Alicante, por su parte, tiene 11.120 viviendas en manos de grandes tenedores con más de cinco, un 5 % del parque. Las urbes donde los grandes tenedores controlan más pisos son Barcelona, con

81.356 pisos y un 12 % del parque y Las Palmas de Gran Canaria con 19.000 pisos y un 11,4 % del parque de vivienda. Madrid, por su parte, tiene 122.208 pisos en manos de grandes tenedores, un 8 % de toda la vivienda.

En resumen, cada vez hay más pisos concentrados en menos manos, y los jóvenes que quieren comprar una vivienda lo tienen más y más difícil por los nuevos actores que han entrado en el juego inmobiliario. Y ni la política ni el mercado parecen indicar que eso vaya a cambiar.

Un mercado intervenido (a favor de los fondos)

La propiedad inmobiliaria en general y la vivienda en particular configuran una de las más nuevas y poderosas fronteras de la expansión del capital financiero. La creencia de que los mercados pueden regular el destino del suelo urbano y de la vivienda como forma más racional de distribución de recursos, combinada con productos financieros experimentales y «creativos» vinculados a la financiación del espacio construido, hizo que las políticas públicas abandonaran el concepto de vivienda como un bien social y el de ciudad como un artefacto público. Las políticas habitacionales y urbanas renunciaron a redistribuir la riqueza (...) para transformarse en un mecanismo de extracción de ingresos, ganancia financiera y acumulación. Este proceso derivó en la creación de pobres urbanos «sin lugar». La tierra ya no es sólo un medio de producción, sino que se convierte en una reserva de valor para el capital financiero. Todo ello alimentó la ascensión de una clase rentista que es improductiva, pero cada vez más poderosa. (Raquel Rolnik, *La guerra de los lugares*)

Existe la creencia de que la intervención del Estado en el mercado de la vivienda es algo negativo. Sin embargo, el mercado lleva intervenido durante más de una década, pero a favor de grandes tenedores y fondos de inversión. Es lo que afirman investigadores como Javier Ruiz, que explican cómo un cóctel de decisiones políticas han abonado el terreno para el aterrizaje de estos fondos oportunistas. Si la burbuja de los alquileres se creó en el Congreso, el Congreso la puede pinchar.

Tras la crisis financiera, el entonces gobierno del Partido Popular necesitaba reactivar un mercado inmobiliario profundamente dañado. Así, entre 2012 y 2013 se introduce la ley de las SOCIMI (Sociedad Cotizada Anónima de Inversión en el Mercado Inmobiliario). Este, según el sociólogo Javier Gil, va a ser el vehículo financiero sobre el que se iba a articular el nuevo ciclo de vivienda sobre el que se dispararían los alquileres.

Las SOCIMI son una figura financiera (introducida por Zapatero en 2009) destinada a la vivienda en régimen de alquiler y que cuenta con privilegios fiscales importantes. El objetivo de esta medida era tratar de poner un torniquete a una herida, la devaluación sin frenos de la vivienda tras el estallido de la burbuja inmobiliaria. Sin embargo, entre 2009 y 2012 no se crea ni una SOCIMI en España. Hasta la llegada del gobierno de Mariano Rajoy que, «presionado por la European Property Real State Association (el *lobby* inmobiliario europeo) modifica la legislación para hacer las SOCIMI aún más deseables para inversionistas», explica Gil.

Las SOCIMI dejan de pagar el Impuesto de Sociedades (19 %), y se reduce el tiempo por el cual los inversores tenían que tener un activo en propiedad —pensado para no alimentar procesos especulativos en poco tiempo— de siete a tres años. También cambia en 2013 la Ley de Arrendamientos Urbanos; los contratos de alquiler pasan de cinco a tres años. En ese tiempo, se podía echar al inquilino.

La entrada de los fondos en España

Este era el cóctel perfecto para la entrada de los fondos de inversión, pero con un parque de vivienda tan devaluado pocos se atrevían a echar la puerta abajo. El espolazo que inauguró el ciclo fue la venta en 2013 de casi 5.000 viviendas públicas por parte de la Comunidad y el Ayuntamiento de Madrid a fondos buitre (1.861 a Blackstone y más de 3.000 a Azora).

Lo que sucede después es ya conocido; los fondos empiezan a invertir de forma masiva hasta convertirse en los principales propietarios del país mientras los precios de la vivienda no paran de subir. La subida de los alquileres empieza a notarse en el año 2014, y desde entonces los precios de la vivienda han crecido en torno al 50 %. Durante estos años se crean más de setenta SOCIMI y las Golden Visa (nacionalidad a cambio de invertir en vivienda) baten récords. Aunque, como explica Gil, se trata de un proceso en el que intervienen múltiples actores, los fondos buitre son la clave de este nuevo ciclo inmobiliario.

En España es Blackstone el que inaugura este ciclo especulativo con la compra de las viviendas del Ayuntamiento de Madrid, a la que le siguieron otras decenas de miles hasta convertirse en uno de los principales propietarios de vivienda del país. En unos años, Wall Street se convirtió en el primer casero de España. Blackstone pescó activos en toda Europa, pero la gran mayoría se siguen encontrando aquí. Investigadores como el propio Gil apuntan que este nuevo ciclo no ha hecho más que empezar, ya que la actividad de estos fondos está respaldada por cientos de millones de trabajadores de EE. UU.

La estrategia del Gobierno funcionó y se pudo deshacer de cientos de miles de viviendas tóxicas y créditos riesgosos ligados al ladrillo vendiéndoselos a estos fondos. El propio funcionamiento de estas empresas extranjeras supone «un peligro para el derecho a la vivienda», como explicó la relatora de Naciones Unidas Leilani Farha en una carta enviada al Gobierno en 2019, cuando estos fondos habían realizado la compra de enormes paquetes de pisos. Investigadores como Manuel Gabarre estiman que se llegaron a hacer con un millón de viviendas en España.

La lógica de funcionamiento de estos fondos es tener llamativos aumentos de rentabilidad en muy poco tiempo, según advertía Farha. Para ello tienen dos opciones: la primera es subir los alquileres de manera abusiva a los inquilinos. Y la segunda es echarlos a la calle para revender la vivienda. El resultado es que tanto los precios de la vivienda como del alquiler suben, a lo que hay que sumar la presión política que estos fondos son capaces de ejercer por la gran concentración de propiedad que tienen. Como consecuencia, los barrios y la calidad de vida de la población saltan por los aires.

Otro efecto de estas subidas de alquileres es la reaparición de los discursos pre 2008 en torno a la vivienda en propiedad: «con los alquileres tan altos es más rentable comprar que alquilar». En resumen, los fondos compran cientos de miles de viviendas a los bancos a precio de remate, suben los alquileres, lo que estimula la compra de viviendas (vendidas por los mismos fondos) contribuyendo también a que suban los precios de compra. De esta manera, los fondos obtienen plusvalías de hasta un 300 %[15] en muy pocos años.

En 1993 el Banco Mundial publicó el informe *Housing: Ennabling Markets to Work*. Para Raquel Rolnik, arquitecta y urbanista brasileña, además de relatora de la ONU por el derecho a la vivienda, este documento sintetiza y marca las líneas maestras del nuevo pensamiento sobre la vivienda; dejar de entenderla como un derecho social y empezar a verla como un bien de mercado. Desde la década de 1990 la financiación habitacional creció radicalmente en las economías desarrolladas. En Estados Unidos, Reino Unido, Dinamarca, Australia o Japón, los mercados de la hipoteca ya representaban entre un 50 % y 100 % del PIB. Estos nuevos pilares han marcado la realidad en torno a la vivienda hasta la actualidad. La vivienda ya no es un derecho, es una mercancía.

Oferta y demanda versus sistema de vivienda

El precio de la vivienda se rige por la ley de la oferta y la demanda. Esta es la idea más arraigada socialmente que, sin embargo, algunos autores contradicen. Gabarre afirma que el precio de la vivienda lo marca, en gran parte, el sistema de vivienda.

¿Qué es el sistema de vivienda? El conjunto de leyes fiscales, urbanísticas, habitacionales y bancarias que rigen un territorio. Por tanto, la Administración tiene un papel clave para fijar los precios de los pisos. El propio Gabarre lo explicó así durante su intervención en la primera Asamblea Internacional por el Derecho a la Vivienda,

---

15 Javier Gil, *La subida de los alquileres: ¿falta de oferta o fondos buitre?*

celebrada en Barcelona. «En otros países europeos, por ejemplo Países Bajos, para realizar desarrollos de vivienda se expropia el suelo por su valor agrícola. Por ejemplo, si una hectárea de cereales vale 10.000 euros, ese suelo que va a ser urbanizado se expropia por 10.000 euros. Sin embargo, en España se especula completamente con el valor del suelo y una hectárea que puede ser urbanizada automáticamente multiplica su valor. Así se inicia una rueda de especulación que no tiene fin. Y esto podría ser perfectamente de otra manera, porque para hacer una carretera o un parque eólico se expropia por el valor agrícola. Sin embargo ¿por qué no se expropia así para hacer vivienda? Pues porque hay un conjunto de intereses detrás que determinan el sistema de vivienda español».

Sucedería lo mismo con el acceso al crédito hipotecario o la protección del inquilino con los alquileres. «Imaginemos que mañana se prohíben los créditos hipotecarios y las casas sólo pueden pagarse a tocateja. Lo que sucedería es que el precio de la vivienda bajaría drásticamente al no haber acceso a crédito», ejemplifica el investigador. De igual manera pone como ejemplo la protección al inquilino y los precios del alquiler. «En España los contratos de alquiler tienen una duración de cinco años. En Alemania el propietario no puede subir el alquiler más que el IPC o las mejoras que implemente en el piso».

En síntesis, Gabarre afirma que «las administraciones públicas han diseñado en general sistemas de vivienda para el provecho del sector financiero». Volvamos al crédito; «imaginémonos que no hay ningún tipo de límite al crédito. Lo que sucede es que el valor de los pisos sube infinitamente y se crean burbujas inmobiliarias, como pasó en España. Mientras en otros países europeos había que poner una entrada del 20 %, España concedía el 100 % de la hipoteca».

Como explica Rolnik, «la intensidad de ese cambio puede ser descrita como un movimiento que transformó una "bella durmiente" —la vivienda hasta entonces inerte, inmóvil y carente de liquidez del período de Bretton Woods— en un "ballet fantástico" del periodo neoliberal en el que los activos pasaron de mano en mano mediante transacciones veloces y constantes».

España tiene **1.000.000 de viviendas** en manos de grandes tenedores

84.000 en la Comunitat Valenciana de estas, **43.000** son de empresas con **más de 100 inmuebles**

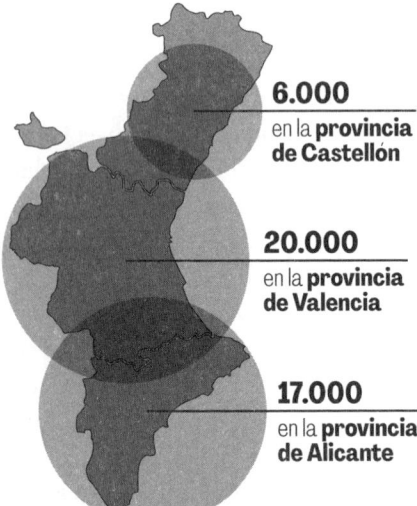

6.000
en la **provincia de Castellón**

20.000
en la **provincia de Valencia**

17.000
en la **provincia de Alicante**

7 de cada 10 casas en la Comunitat Valenciana se compran **al contado**

País de propietarios

Otro de los condicionantes en el caso español es la ausencia histórica de vivienda pública. En España hay 21 millones de primeras residencias pero apenas 300.000 pisos públicos, menos de un 1 % del parque total (Eurostat, 2024). En Francia hay 4,5 millones de viviendas sociales (un 17 %) y casi la mitad de los inquilinos viven en un piso de alquiler público. En el año 2000 se promulgó la Ley de solidaridad y renovación urbana que exigía a los ayuntamientos aumentar el porcentaje de vivienda pública para alcanzar el 25 % en 2025. En Austria el porcentaje de vivienda pública llega al 30 % y la media de la Unión Europea (UE) ronda el 10 %.

En España nunca ha existido vivienda social porque, como explica Manuel Gabarre, desde el franquismo siempre se optó por un sistema de propiedad. «Hay un mantra que se repite que es "ser propietario está en la mente del ciudadano español", pero esto no es así, es completamente falso. Hasta los años cincuenta el 90 % de los ciudadanos vivía de alquiler».

Entonces ¿Qué sucedió? Mientras en Reino Unido o Francia se aplicaron impuestos del 70 % en adelante a las grandes fortunas para reconstruir el país tras la guerra y construir vivienda pública, en España estas fortunas no tributaban. «En Reino Unido se construyeron cinco millones de viviendas públicas, pero en España, cero», cuenta Gabarre.

En su lugar se optó por levantar viviendas de protección oficial, donde el Estado proporcionaba el suelo y las cajas de ahorro y bancos financiaban el 100 % del préstamo para acceder a una hipoteca, donde la gente accedía a una vivienda en barrios segregados por el nivel de renta.

Sea como sea, España construyó un sentido de propiedad mucho más profundo que otros países como Alemania, donde las regulaciones de protección a los inquilinos (50 % de la población) han normalizado el vivir de alquiler. De igual manera pasa en Francia (35 % inquilinos), Austria (45 %) o Reino Unido (35 %).

La política de vivienda social en España es prácticamente inexistente, una tendencia que parece muy lejos de cambiar porque, como explica el economista Eduardo González de Molina «hoy en día pagan más impuestos en España los promotores de vivienda social que los promotores privados». Con este panorama, los incentivos para construir viviendas asequibles son prácticamente nulos, mientras que los constructores no ven negocio con los precios fijados actualmente. Por otro lado, la Generalitat Valenciana ha prometido diez mil viviendas de protección pública en esta legislatura subiendo los módulos de construcción a 2.400 euros por m² como máximo. Esto significa que una vivienda de protección pública de 70 m² costaría unos 215.000 euros. Algo que no se pueden permitir muchos bolsillos.

De 37.5000 a 13.000 pisos públicos en 30 años

La tónica en los años de democracia ha continuado siendo la siguiente, y el poco parque público que quedaba ha sido vendido fundamentalmente a pequeños propietarios. Un ejemplo es la vivienda pública de la Comunitat Valenciana, que ha pasado de 37.500 a 13.000 pisos en treinta años. Desde 1994 hasta hoy, la Generalitat no ha hecho otra cosa que perder vivienda pública. Incluso en el primer gobierno de izquierdas, con Compromís y Podemos en la ecuación (que prometieron ampliarlo), se esfumaron pisos.

Es lo que escupen los datos de la Conselleria de Vivienda. Tres décadas de caída libre por la venta de inmuebles públicos a tutiplén. Hasta la entrada de Podemos no se pudo frenar la caída, pero eso no significa que creciera durante su paso por Conselleria, ya que los derechos de compra firmados décadas antes suponían un sangrado muy difícil de parar. Todo eso pese a la compra de edificios públicos mediante la herramienta del tanteo y retracto, que logró incorporar 1.000 viviendas, algo inédito en democracia.

«Las salidas para la vivienda pública han sido sobre todo dos», cuenta Alberto Aznar, ex director de la Entitat Valenciana d'Habitatge i Sol (EVHA), organismo que gestiona el parque público. «La primera, la compraventa de pisos públicos, que fue la mayoritaria y la alimentada durante la época del ladrillazo del PP. Vender y vender viviendas; alquiler con opción a compra o venta directa. La idea de "todo el mundo puede ser un propietario" en contra de tener un parque público decente. Decidieron vender todas las que pudieron», explica. La segunda salida, aunque mucho más minoritaria, fue la demolición de edificios en mal estado.

Ese era el plan. Y se siguió a rajatabla durante treinta años, aunque como explica Luis Fernández, abogado especialista en vivienda de la cooperativa El Rogle, era una estrategia más autóctona en España que propia de un partido. «Desde hace décadas todos los gobiernos han estado fomentando la compra, aunque cuesta imaginar que aquí hayan vendido tantísimo. Las políticas de vivienda se han basado durante muchísimo tiempo en crear propietarios, y todos los planes (la mayoría desarrollados desde Madrid) iban en ese sentido, subvencionar VPO», explica Fernández, y añade que «habría que investigar cómo se han vendido y en qué condiciones fueron las operaciones». La política diseñada por el actual Consell del Partido Popular tras la dana también incide en esa idea de impulsar las viviendas de protección oficial a cualquier precio, y de hecho, ya ha desmantelado el derecho de tanteo y retracto.

El Instituto Valenciano de Vivienda nace en 1988. Y se estrena nutrido por la gran construcción de vivienda de protección oficial que se dio en los años sesenta, al calor de la migración de los españoles del campo a la ciudad. De ese año a 1994 se pasa de 30.935 a 37.558 viviendas. Fuentes de Conselleria aseguran que «no se disponen de datos de este periodo porque la información no estaba digitalizada». Además, en los años posteriores explican que «hay lagunas». Es decir, que hay datos que simplemente se han perdido. Esto, según el EVHA, explicaría que entre 1996 y 1997 se esfumaran más de 8.000 viviendas.

Pero el principal instrumento de salida fue la apuesta por las VPO, un modelo que, según Luis Fernández, no ha acabado de funcionar al largo plazo.«Se han dado muchísimos casos como el de un edificio entero de Sagunto en el que los inquilinos efectivamente se quedan con las viviendas, pero no pudieron afrontar los pagos y los pisos acabaron en manos de bancos, que a su vez los vendieron a fondos buitre. Este puede haber sido otro motivo de la desaparición de gran parte de la vivienda pública destinada a VPO», asegura.

De VPO a las manos de los fondos buitre

Los bajos de las 613 Viviendas de Burjassot están tapiados con ladrillo visto. Antes todo era diáfano, pero las fincas se descuidaron tanto durante décadas que hicieron falta esos puntales para que el edificio no se desplomara. Caminando por el barrio, un chico en patinete cuenta que a la zona no entran ni los servicios de limpieza ni la policía.

Este barrio nació como vivienda social para familias humildes. Son 700 pisos, pero ahora solo quedan menos de 200 en propiedad de la Administración. El resto ha acabado en manos de fondos buitres y el barrio completamente abandonado, salvo las viviendas de la Administración que se mantienen, y que sí que reciben cuidados.

Podríamos decir que así está el parque público de pisos ahora: desgastado y apuntalado después de décadas de abandono institucional. El poco que queda, a decir verdad, pues los barrios periféricos de València cuentan ese mismo argumento, desde los pisos para guardias civiles de La Torre a las fincas para afectados de la *riuà* del 57 en la Fuensanta. Eran viviendas sociales construidas por el franquismo, pero ahora son las nuevas inversiones de Cerberus.

«No interesaba tener un parque público de vivienda fuerte, el modelo era totalmente contrario al que se quiere desarrollar ahora», explica Alejandro Aguilar, ex secretario autonómico de Vivienda. Los efectos de esa época todavía persisten, y aún quedan 3.116 viviendas escrituradas con derecho a compra en el actual parque.

Es decir, que se perderán en algún momento si se ejerce ese derecho. Además, en la última legislatura casi mil viviendas han salido del parque público por este motivo.

Otro ejemplo es la avenida de La Plata, en València. Zona trabajadora inicialmente de pisos públicos. «Ahora esas casas han pasado a manos de fondos buitre que están vendiendo las viviendas por precios desorbitados. Unas viviendas cuya función era dar techo a las familias más humildes que no podían permitirse un alquiler a precio de mercado ahora sirven para lo contrario, están alimentando la especulación inmobiliaria al venderse por precios disparatados. Han pasado de un extremo a otro, y hay muchos ejemplos», lamenta el ex secretario autonómico. Para Aguilar es una muestra de la concentración de los pisos en pocas manos como resaca de la crisis de 2008 acentuada por la pandemia. Ahora los que amasan los pisos son los fondos buitre, pero también otras entidades, como la Sareb, ahora de mayoría pública.

Herencia envenenada

En 2015 la coalición botánica de izquierdas echa raíces en la Conselleria de Vivienda, momento en el que se encuentra un enorme desafío de gestión. Para empezar, los datos estaban mal. Una gran cantidad de viviendas figuraban en las bases de datos digitales, pero en realidad eran pisos escriturados y comprados, según constaba en el archivo en papel del edificio. «En esa época empiezan a salir ficheros por todos lados», cuenta Alberto Aznar.

De un plumazo se «desvanecieron» del parque público 1.700 viviendas. Y aún así, el legado popular llega hasta hoy; según explica Aznar, durante su dirección se perdían aproximadamente unas 150 viviendas al año por alquileres con opción a compra que acababan ejecutándose. A ello hay que sumar que muchas viviendas resultaron estar ocupadas ilegalmente, fruto de la penosa gestión. Ahora mismo son más de 1.300, es decir, casi una décima parte del total del parque público.

Así las cosas, en 2015 la primera decisión que se tomó fue sacar todas las viviendas del mercado para destinarlas a alquiler asequible. «Uno de los primeros inmuebles que se sacó del mercado para fomentar el alquiler fue el edificio de Sociópolis, que cuando llegamos estaba entero en venta», cuenta Alberto Aznar. Al final ese edificio se utilizó para acoger a víctimas de la dana que habían perdido sus casas.

Según explica Luis Fernández, «es cierto que en estos años se apuesta por el alquiler asequible y fortalecer el parque público, pero hay que recordar que venimos de una época de crisis y la inversión que se ha hecho, en comparación con los años anteriores, es muy baja y se ha notado muy poco en la práctica».

Demandantes de vivienda

¿Qué ha sucedido mientras el parque público de vivienda se depreciaba? Pues que los solicitantes se disparaban. El registro de demandantes de vivienda social ha pasado de 13.356 personas en enero de 2023 a 55.070 en junio de 2024. En la provincia de València hay 30.790 solicitudes, mientras que Alicante registra 19.100 y Castelló, 5.180. Hay que recordar que el actual parque público de 13.600 casas ya está casi completamente ocupado, por tanto la necesidad de vivienda social en la Comunitat Valenciana (como en el resto del Estado) es ingente. Hay casos de familias vulnerables que llevan casi una década en lista para una vivienda pública. María vive en Alicante y es una de tantas. Está al borde de la jubilación y con sus ingresos (menos con su futura pensión) no puede permitirse una vivienda. Lleva siete años en lista de espera.

El número de familias que pide una vivienda social se ha multiplicado por cuatro. No pueden acceder a un piso en el mercado libre, así que solicitan uno público a la Generalitat. En régimen de alquiler o de compraventa. Muchas familias marcan las dos opciones, aunque la mayoría solicita arrendamiento. Mientras las familias con necesidad y los precios del alquiler se disparan, el número de pisos públicos se hunde.

Las tres capitales de provincia y los municipios con una mayor población son los que suman mayor número de registros. Así, en València capital el registro autonómico contabiliza 4.315 solicitudes, independientemente del registro municipal, cuya lista de espera también se ha disparado este año en un 52%. En Castelló de la Plana hay 1.941 solicitantes, mientras que en Alicante asciende a 4.315. Las localidades alicantinas de Elx (1.186 peticiones), Sant Joan d'Alacant (1.595) y Sant Vicent del Raspeig (2.061) son las que registran un mayor número de peticiones de viviendas en alquiler social. En la provincia de València, el área mametropolitana concentra el mayor número de peticiones con 772 solicitudes en Alaquàs, 800 en Alboraia, 1.065 en Alfafar, 1.503 en Burjassot o 1.448 en Paterna y 1.152 en Torrent. En la provincia de Castelló el máximo número de solicitudes después de la capital se concentra en Vilareal (623 peticiones), la Vall d'Uixó (434) y Almassora (460).

Ahora bien, los municipios menos poblados también registran solicitudes de vivienda social. Así, localidades que apenas superan los 100 o 200 habitantes (como Estubeny, Benissuera, Alcosser, Benafer o Algimia de Almonacid) constan en el registro autonómico. Incluso Castell de Cabres, que es la localidad con menos población de la Comunitat Valenciana, figura en la EVHA. Y es que entre los diecinueve habitantes empadronados en la localidad hay uno que necesita un alquiler social, según los datos oficiales. El precio acumulativo de la vivienda en alquiler ha subido en la Comunitat Valenciana un 157% en 10 años y un 59% en 5 años, la mayor subida de toda España. Estos porcentajes se traducen en que hace una década el alquiler de un piso en este territorio costaba de media 406 euros al mes, mientras que ahora cuesta 972 euros.

Número de pisos del
parque público de vivienda
de la Comunitat Valenciana

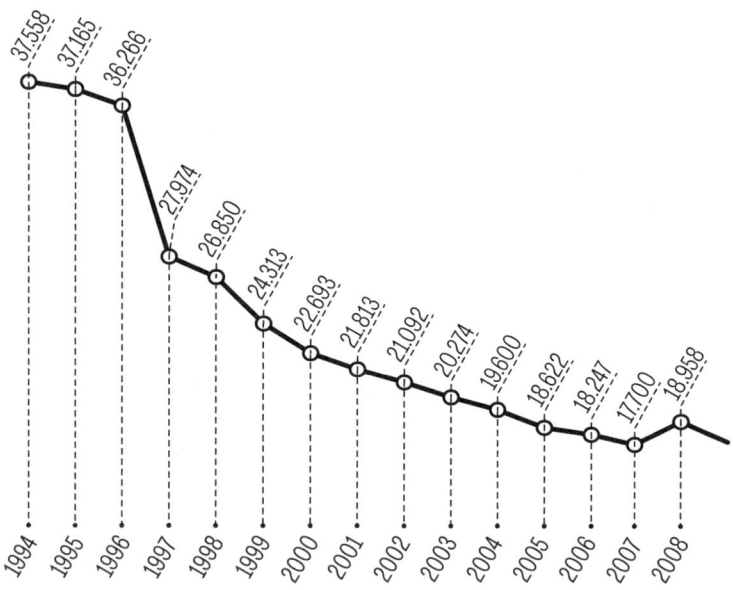

37.558
37.165
36.266
27.974
26.850
24.313
22.693
21.813
21.092
20.274
19.600
18.622
18.247
17.700
18.958

1994
1995
1996
1997
1998
1999
2000
2001
2002
2003
2004
2005
2006
2007
2008

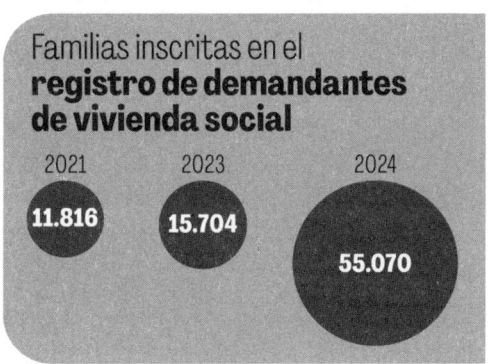

Familias inscritas en el
registro de demandantes de vivienda social

2021	2023	2024
11.816	15.704	55.070

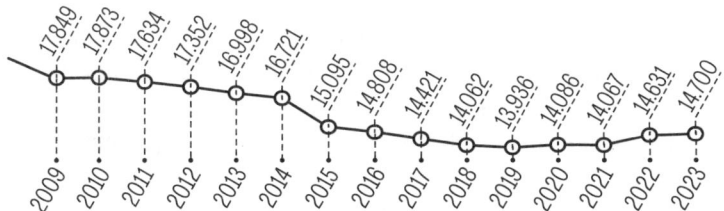

17.849 — 2009
17.873 — 2010
17.634 — 2011
17.352 — 2012
16.998 — 2013
16.721 — 2014
15.095 — 2015
14.808 — 2016
14.421 — 2017
14.062 — 2018
13.936 — 2019
14.086 — 2020
14.067 — 2021
14.631 — 2022
14.700 — 2023

«Nadie llevó la cuenta»

«Allí no se pagaban las nóminas, tampoco había gente llevando el control de las viviendas del parque público. Nos dimos cuenta de cientos de abandonos de pisos públicos, ahora habitados por okupas, o incluso de muchas escrituras de viviendas que se han ido haciendo y creíamos que pertenecían al parque público, pero luego hemos comprobado que no». Así describe Alberto Aznar la precariedad heredada y la poca fiabilidad de las cifras del parque público de vivienda cuando comenzó a gestionarlo hace unos años.

Tal era la situación que no existía un registro de las viviendas públicas año a año hasta el 2021, cuando el diario *Levante-EMV* solicitó esos datos. El EVHA tardó meses en dar una contestación, ya que tuvieron que realizar el registro expresamente, resucitando viejos ordenadores y rescatando archivos en papel de hace décadas que nadie había revisado.

Tanto es así que los datos entre el año 1988 (cuando la gestión de la vivienda pública pasa a las autonomías) y el 1994 no existen. O al menos, a estas alturas ya no se pueden recuperar. Traspapelados hace treinta años y no incluidos en las bases de datos electrónicas, algo que, según Vivienda, hace que sean imposibles de recuperar. «Con las políticas de vivienda hemos visto situaciones insólitas, como gente a la que le adjudicaban una vivienda en el centro de la ciudad con un plazo para pasar al mercado libre de una década. Tienes una vivienda en el sitio más caro de València, por un precio tirado y encima la puedes poner a precio libre en diez años, que se pasan volando ¡Te hemos hecho millonario con el dinero de todos! No entiendo cómo fallaban tantos mecanismos, la gente entraba a un piso, a los pocos años triplicaba el sueldo y lo seguía teniendo. A mi modo de ver la vivienda pública debería de ser siempre pública. La Administración debe tener una política cautiva permanente de vivienda social, porque además eso ayuda a corregir los precios, como en el caso de Viena donde el 40 % del parque inmobiliario es del Estado», explica David Pérez Royo, arquitecto y experto en vivienda.

El historial del organismo tampoco es bueno. Golpeada por un ERE en 2011 que dejó en el paro a dos de cada tres trabajadores, la entidad sólo cuenta con tres empleadas sociales para gestionar las 14.000 viviendas (1.300 de ellas ocupadas). En 2018, el ente público obtuvo la peor nota posible en una auditoría económica, y durante casi una década la entidad arrastró el pago de 7,5 millones cada año por la deuda del extinto circuito de Fórmula 1 de València. Las administraciones posteriores se afanaron por resucitar la Entidad Valenciana de Vivienda y Suelo completamente descuidada en medio de una crisis de alquileres galopante.

La ausencia de políticas de vivienda pública (que implican décadas hasta ver los primeros resultados) se hizo manifiesta en un EVHA mermado y vaciado de funciones. Al final de la legislatura, Altamira, empresa gestora propiedad del fondo buitre Cerberus, ofreció sus servicios a la Generalitat Valenciana para gestionar el parque público de vivienda. Fuentes de la anterior conselleria aseguran que no vieron la oferta con malos ojos, pero que tras las elecciones hubo un cambio de Gobierno y no se pudo seguir negociando.

La Sareb; el «banco malo» o la mayor privatización encubierta de la historia

La otra gran pata de esta (des)regulación de la vivienda a favor de los mercados financieros fue la Sociedad de Activos procedentes de la Reestructuración Bancaria (SAREB) o popularmente conocida como «el banco malo». El gobierno de España podría haber dado un uso público a los ingentes bienes inmobiliarios de los bancos que había rescatado. Sin embargo, eligió vender estos paquetes de vivienda a través de la Sareb. Una gran parte de estas viviendas acabaron en manos de fondos oportunistas o rentistas.

La Sareb fue creada por el FROB (Fondo de Reestructuración de Deuda Bancaria) y una serie de entidades bancarias en 2012 para comprar y gestionar los «activos tóxicos» de la banca tras la crisis hipotecaria. Incluían hipotecas, préstamos a promotores, suelo, bienes terciarios e inmuebles pagados con 50.000 millones avalados por el Estado. La participación pública comenzó siendo del 45 % (la banca tenía el 55 % restante), sin embargo en 2022 el Estado aumentó su participación en Sareb hasta el 51%, convirtiéndose en una entidad oficialmente pública.

Las estimaciones de Manuel Gabarre de Sus indican que, entre la Sareb y las seis mayores seis operaciones de venta a fondos de inversión, el Estado ha privatizado en torno a un millón de viviendas. Todas ellas sufragadas con dinero público directa o indirectamente (Gabarre, 2021). No se puede mover tanto dinero sin que tenga consecuencias.

«La Sareb y los bienes de las entidades quebradas podrían haber sido el germen de una entidad pública de vivienda en alquiler. De hecho, cumplía las propiedades idóneas, pues este patrimonio estaba repartido por todo el Estado contando con viviendas, solares o promociones inacabadas», explica Gabarre. Es lo que demandaron los sindicatos y plataformas de vivienda durante mucho tiempo, pero en lugar de eso se decidió vender los activos a precio de remate.

Aunque la web de Sareb diga que «trabajamos para ayudar a mejorar el sector inmobiliario y financiero», esta entidad es responsable de muchos desahucios. La razón de este aumento de presión es que Sareb tiene prisa por vender sus viviendas, ya que su mandato la obliga a desaparecer en 2027. Sin embargo, esa sangría parece estar acabando por el compromiso del Estado de crear una «gran empresa de vivienda pública» con los —ya pocos— pisos que le quedan.

«La Sareb no es más que una gran inmobiliaria pública que el Estado ha privatizado poco a poco», remarca Gabarre. Pese al coste económico y sobre todo social, el Gobierno mantuvo la hoja de ruta diseñada por Luis de Guindos, ministro de Economía del Partido Popular entre 2011 y 2018, de vender los bienes a intermediarios financieros. Para ello, en 2022 el Gobierno designó a dos fondos oportunistas de Estados Unidos para vender los bienes que quedan a la Sareb: KKR y Blackstone.

El conflicto de intereses está servido. Blackstone es uno de los mayores caseros de España y principales actores del mercado inmobiliario. KKR, por su lado, es un fondo oportunista con intereses en vivienda, educación, sanidad o medios de comunicación. Los dos fondos son conocidos por sus malas prácticas en el derecho a la vivienda. Nunca se ha publicado dónde estaban las viviendas de la Sareb, por qué precio, ni a quién se vendían. El Estado ha llevado a cabo esta privatización de manera opaca, contratando a fondos oportunistas para saltarse la Ley de Contratos del Sector Público. La entidad tampoco ha querido contestar a esta pregunta durante la realización de este libro. Pese a que la entidad es oficialmente pública, no aporta ningún dato sobre su funcionamiento y algunos portales como Civio han acudido a los tribunales para saber por cuánto y a quién se han vendido casi 10.000 viviendas protegidas.

Los intermediarios financieros (Blackstone y KKR) han vendido una parte de ellos a particulares, muchos de ellos con intereses especulativos, pero en su mayoría estos han traspasado los bienes de la Sareb a los grandes fondos de inversión oportunistas más conocidos como «buitres» (Gabarre, 2023). Casi todos los grandes fondos han comprado bienes de Sareb: Blackstone, Cerberus, Fortress, Texas Pacific Group o el noruego Axactor (también metido en el mercado de la deuda secundaria) han comprado paquetes de miles de viviendas o créditos.

Los bancos van a perder los 2.600 millones de euros que aportaron a la Sareb. Pese a eso, como explica Gabarre, la inversión les ha permitido controlar la mayor inmobiliaria de Europa (además, pagada con dinero público). Por otro lado, la Sareb encargó a sus principales socios la venta de los pisos y terrenos. Altamira (Santander), Servihabitat (Caixabank), Solvia (Sabadell, ahora Cerberus) fueron las gestoras encargadas de vender el patrimonio, embolsándose grandes comisiones en el proceso. Tras esto, Sareb encargó la venta del patrimonio a Haya Inmobiliaria, que pertenece al fondo buitre Cerberus. Haya recibió el contrato cuando fichó como consejero a

José María Aznar Botella (hijo del expresidente Aznar y la exalcaldesa de Madrid Ana Botella).

En 2015, la Plataforma de Afectados por la Hipoteca denunció mediante la campaña «La Sareb es nuestra» estas prácticas, y comenzó a reivindicar que los pisos no se vendieran y pasaran a formar parte del parque público de vivienda. Pese a las campañas en este sentido con el apoyo de los sindicatos de vivienda, el Gobierno ha hecho caso omiso hasta ahora, cuando los bienes de Sareb son más bien testimoniales. Lo que un día fue esta «gran inmobiliaria pública» ha acabado por alimentar aún más la espiral de la especulación y subida de precios de la vivienda.

«Força Sindicat»

Pablo estaba en el piso cuando la policía tiró la puerta abajo. A su lado había un chaval de 16 años que no quería que le echaran de su casa. «Nos pegaron, nos arrastraron y nos multaron», narra. Fuera, sus compañeros del Sindicat d'Habitatge de València recibían golpes y empujones de la policía y hacían saber al barrio que las fuerzas de seguridad sacaban a rastras a un menor de edad de su vivienda. El chico y su familia acabaron en un albergue de servicios sociales. Sus cosas llevaban días guardadas en bolsas de basura por si se topaban con el terrible final.

Vicente se despertó con los golpes de ariete. El desahucio estaba programado para las 9, pero a las 6:30 de la mañana decenas de antidisturbios habían tomado la calle y hostigaban el piso en el que vivía Harid —el único que pasó la noche allí— junto con su mujer Karima y sus hijos Mohamed (7 años) y Hanine (4). Los niños estaban en el colegio cuando su madre lloraba en la calle con sus cosas en dos maletas. Al salir de clase, los chiquillos fueron a pasar la noche con sus padres a un albergue para personas sin hogar. En aquel desahucio, dos activistas del Sindicato de Vivienda tuvieron lesiones en un ojo y otro perdió un diente. Además, les sancionaron con 2.500 euros de multa por la Ley Mordaza. Pero los golpes no duelen cuando hay dos chiquillos en la calle.

Ana ya estaba despierta cuando los antidisturbios empezaron a golpear la puerta del piso a las 7. Casi no pudo dormir con Mónica, su marido discapacitado y sus dos hijos de 14 y 15 años. Antes del amanecer, los antidisturbios apartaron a la fuerza a unos quince activistas. Con el inicio del día Mónica sacaba sus cosas en bolsas de basura con ayuda de los activistas. La policía acordonó dos calles aledañas y no permitió a los periodistas tomar fotos ni acercarse al portal de donde sacaban a dos chiquillos menores para dejarlos en la calle. De hecho, una reportera fue denunciada. El desahucio fue un lunes y le dieron plaza para dormir con sus hijos en un albergue de servicios sociales. Eso sí, sólo hasta el jueves.

Pablo y Ana son miembros del Sindicato de Barrio de Orriols, Vicente lo era de Monteolivete. Pusieron sus cuerpos para que niños de sus barrios no se fueran a la calle, pero se toparon con represión y multas. Detrás de todos estos casos hay fondos buitre con miles de viviendas e intereses lucrativos sobre ellas. Donde Hanine (4 años) veía la habitación con sus juguetes, Cerberus vio un activo financiero con rentabilidades muy competitivas. Donde Mónica veía el hogar donde crió con muchas fatigas a sus hijos, Altamira vio una «oportunidad para inversores en un barrio en plena expansión». La lucha de clases condensada en un desahucio, o como reza un lema del sindicato: «Vosotros por dinero, nosotras por amor».

«Força Sindicat» es el lema que se grita cuando se para o se ejecuta un desahucio. En València lo adoptaron del Sindicat d'Habitatge del Raval, uno de los pioneros en el «sindicalismo de barrio». Igual que un trabajador no puede él solo contra una empresa, un sólo inquilino no puede contra un fondo buitre. Pero si todos los inquilinos del bloque se unen, o si se unen los de varios, decenas, cientos de bloques, la cosa cambia. Eso es un sindicato de vivienda, apoyo mutuo entre gente con los mismos problemas. Tratar de equilibrar fuerzas.

Pero para explicar qué es un sindicato de vivienda hay que retrotraerse mucho más atrás, a 2010. La hecatombe inmobiliaria estaba produciendo desahucios de familias en masa, y acababa de crearse algo llamado Plataforma de Afectados por la Hipoteca (PAH). En una pequeña localidad catalana llamada Bisbal del Penedés, Lluís y su hijo Loïc, de 10 años, recibieron la orden de desahucio. En la plataforma todavía eran muy pocos, y, ante la desesperación, decidieron tomar una acción que sólo se había hablado en *petit comité* y que generaba muchas dudas: iban a poner sus cuerpos frente a la policía. Decenas de personas se colocaron delante del portal de

Lluís y Loïc aquella mañana, protestaron y leyeron un manifiesto recordando que España había firmado pactos internacionales por el derecho a la vivienda y Lluís y Loïc se quedaron en casa. Un rayo de esperanza. Era posible ganar al banco.

Catorce años más tarde, Lluís Sanmartín contaría esta misma historia en un salón de actos de la Universidad de Barcelona a reventar, en la presentación de un encuentro internacional de colectivos por la vivienda. Casi 100 entidades de 23 países distintos, desde EE. UU. a Sudáfrica, Brasil o Alemania, acudieron a la llamada por una razón: los convocaba la PAH. Aquellas quince personas que decidieron poner sus cuerpos en un desahucio en el año 2010 fueron el germen de un movimiento que hoy es conocido en todo el mundo, simbolizado por unas camisetas verde esperanza (el color no es casual) y una señal de *stop* con el logo de una vivienda.

Aquel congreso ponía el foco en la «economía vampírica» representada por los fondos de inversión, y los españoles fueron los anfitriones de lo que, poco a poco, puede convertirse en el primer movimiento por el derecho a la vivienda a escala planetaria. Estadounidenses, brasileños, alemanes, sudafricanos y españoles compartieron experiencias y formas de luchar contra este imperio sin fronteras de los fondos oportunistas. La idea estaba clara: «Nos tenemos que organizar a la misma escala que nuestros rivales».

Escupidos por el sistema

La PAH nace y crece por la incapacidad del Estado de dar respuestas. Lluís Sanmartín, activista de la plataforma y profesor de Sociolocía en la Universidad de Barcelona, explica que se trata de un movimiento muy especial porque logró la fe del converso. «Consiguió movilizar a un sujeto que creía en el sistema. De repente el protagonista de esa lucha eran personas que se habían hipotecado, y por tanto creían en el capitalismo y en el acceso a la vivienda en propiedad. Eso era muy extraño porque en España estábamos acostumbrados al movimiento okupa o a las asociaciones vecinales», explica. Eran gente masticada y escupida por un sistema que les prometió una vida decente.

Por eso mismo fue tan chocante que aquellas personas se revolvieran. «Creíamos que era imposible que se movilizaran porque se sentían profundamente avergonzados por su situación, con una sensación de haber fracasado en la vida. Al ser personas que creían en el sistema se culpabilizaban muchísimo. De repente el sueño de tener una vivienda se había roto y encima tenían deudas», cuenta. De hecho, el gran problema para empezar a aplicar la nueva idea de ponerse frente a la puerta en un desahucio era la vergüenza que sentía la gente de lo que podían pensar sus vecinos.

Entonces ¿cómo lo consiguieron? Aunque suene simple y naif, con abrazos. «Cuando te llega el tocho —así llaman a la orden de desahucio por la cantidad de páginas— es como si te atropellara un camión. Te quedas en *shock*. Te avergüenzas, te deprimes y te conviertes en una persona desganada. Pero sobre todo no sabes por dónde empezar, el miedo te paraliza», explica una afectada.

Un desahucio es una batalla contra el tiempo. Desde que llega el tocho la familia debe empezar a asesorarse e iniciar un *via crucis* contrarreloj por decenas de ventanillas de la Administración pública en las que reclamanar todo tipo de documentación —a cada cual más complicada de solicitar— con la esperanza de que los servicios sociales solucionen la papeleta tras toda una vida pagando impuestos. En la mayoría de los casos y, tras hacer malabares para acudir a todas las fechas (compatibilizando responsabilidades laborales y familiares) y realizar unos trámites burocráticos muy complejos, la respuesta es «vete a un albergue» o «ponte en lista para una vivienda social». Eso ahonda en el sentido de soledad para la familia, que acaba de sentirse desamparada por un estado que no le atiende cuando más lo necesita.

Al final de ese camino y como última esperanza, un pequeño porcentaje de esas personas se acercan a una asamblea de la PAH (o ahora de sindicatos de vivienda). «Normalmente llegan muy nerviosos y muy escépticos, y lo primero que se encuentran es una asamblea que les pide que expliquen su problema. Al contarlo, la voz no les sale, pero ven que están rodeados de personas como ella que esperan tranquilamente a que se recomponga. Le dan un abrazo, le dicen que se tome su tiempo. Suena extraño, pero ese tacto de una mano sobre otra mano tranquiliza y esos rostros en silencio esperando a que coja aire y fuerzas para hablar . Es el primer espacio donde alguien que va a ser desahuciado se siente apoyado», cuenta Sanmartín. En vez de estar constantemente corriendo para entregar documentos a la Administración, la PAH «es un gran abrazo colectivo mientras uno coge información y ayuda para enfrentarse al desalojo». A esto cabe añadir que en las asambleas siempre hay victorias que se celebran y esto «sube un poco el ánimo a la persona porque ve que hay esperanza».

La PAH, o los sindicatos de vivienda, están forjados por los intercambios de historias que generan lazos y una comunidad. «Es un ejemplo de lo que significa luchar contra las adversidades, porque cuando tú vas a negociar con el banco sientes que no estás solo, sabes que tienes a tu comunidad detrás, y eso te empodera», cuenta Sanmartín. Sin embargo, la PAH luchó durante la mayor parte de su historia contra los desahucios de bancos y por hipoteca. Hoy, el panorama es otro, los alquileres y los fondos de inversión controlan el tablero, y hay nuevas plataformas con las que compartir espacio.

Los sindicatos de vivienda

En 2020, una pandemia atravesó las vidas de las personas, y como en toda desgracia salió a relucir lo mejor de la gente. Con un Estado completamente desbordado se crearon, en algunos barrios, las «redes de apoyo mutuo». Pese al nombre no eran más que grupos de *whatsapp* en los que unos vecinos cuidaban de otros; los jóvenes hacían la compra para la señora mayor del quinto o ayudaban económicamente o con comida a algún vecino con problemas. Sin embargo, una vez más, en ese intercambio de historias entre iguales, volvió a surgir una chispa.

En algunos casos, las plataformas ya existían, como en el barrio del Cabanyal y su Espai Veïnal Cabanyal, que se usó para que ningún vecino o vecina se quedara atrás en la COVID, repartiendo alimentos incansablemente. En otros barrios, las redes de apoyo se crearon en ese momento. Los espacios en común y la influencia del Sindicat del Raval fueron el revulsivo para dar un paso más y crear movimientos en defensa de una vivienda digna. Surgieron muchos sindicatos de barrio, y después unieron fuerzas para crear el Sindicat d'Habitatge de València, que cohabita, igual que el Sindicat de Llogaters en Barcelona, con la PAH.

La principal diferencia entre estos movimientos, según explica Sanmartín, es el trasfondo político. «La PAH tenía una propuesta de mínimos: parar desahucios para que la gente no se quedara en la calle, aunque luego logró impulsar leyes de vivienda. Estos sindicatos nacen con un trasfondo anticapitalista y una propuesta más ambiciosa», cuenta. Los puntos son, de manera muy resumida: «vivienda universal, de calidad y accesible para todos. Que todos los trabajadores puedan tener un techo», explica Pablo Barbero, del Sindicat d'Habitatge de València.

Igual que la PAH, los sindicatos de vivienda se fueron extendiendo por boca a boca: «Nos acercamos a la iglesia del barrio y a la mezquita, e incluso hemos empezado a hacer carteles en árabe porque sabemos que los migrantes son los que suelen tener más problemas», explica Pablo.

«No queremos ser una ONG»

El local del Sindicato de Vivienda de Orriols es una antigua sede de una caja de ahorros del barrio, abandonada, y ahora okupada por estos activistas para darle una nueva vida. Es una metáfora del problema de la vivienda. Al entrar se pueden ver muchas sillas, una biblioteca donde la gente puede acercarse a leer, un futbolín para los jóvenes del barrio, una zona de juegos con una gran alfombra y muchísimos juguetes para los niños, una pequeña sala con un taller de herramientas y hasta una pizarra donde hay sin borrar algunos apuntes de la última clase de español para inmigrantes. Todo gratis y autogestionado para el vecindario. El sindicato es mucho más que un espacio de politización, aspira a ser un centro neurálgico que cohesione el barrio, un espacio de encuentro, además de intercambio de historias.

Los activistas del sindicato son expertos en aprovechamiento de recursos, y de la nada han levantado todo un centro social. Allí, todas las semanas se celebra una asamblea y asesorías individuales. Ahora mismo tienen unos cuarenta casos sólo en el barrio de Orriols, que cuentan cómo avanzan cada semana. Sin embargo, tienen un modo claro de actuar: «no queremos ser una ONG, también creemos que hay que politizar a la gente y explicarle quién es el culpable de sus miserias. También les animamos a que acudan a los actos y por supuesto a parar los desahucios de sus vecinos», cuenta Barbero.

Y es que los sindicatos de vivienda nacen, igual que la PAH, por un espacio político que nadie ocupa. «Estar en el gobierno no significa tener el poder, y lo estamos viendo. El gobierno progresista lo único que ha hecho son cambios menores pero que no han arreglado la situación. Ni siquiera se han atrevido a regular los alquileres o a prohibir las empresas de desokupación. Nuestras bases son vivienda accesible, universal y de calidad para todo el mundo, y eso no lo defiende ni el partido más a la izquierda. Por eso creemos que es importante también transmitir nuestras ideas», reivindica.

El problema de la vivienda, de hecho, ha empeorado en estos barrios tras siete años de un gobierno que se propuso arreglarlo. «Estamos viendo muchísimas familias que se tienen que ir a vivir a habitaciones. Eso es propio de la posguerra y es un síntoma preocupante». Y sin embargo, la respuesta que consideran que han tenido del Estado es «represión» y «más presencia policial».

El modelo alemán del sindicato de inquilinos

El primer sindicato de inquilinos de España nace en Barcelona para dar respuesta a los problemas que no eran tan dramáticos como los desahucios, pero que también atraviesan las vidas de cada vez más personas como el alquiler. Cogieron el testigo de sindicatos de inquilinos europeos, de larga tradición pero distinto modelo.

Luis Sanmartín, que pudo viajar a Berlín a conocer su sindicato de vivienda, explica que «son plataformas superimplantadas, con literalmente cientos de miles de afiliados sólo en la capital». De la misma manera funcionan los sindicatos de inquilinos en los países nórdicos, con un modelo similar al del sindicato tradicional. «Tú pagas una cuota para tener acceso a abogados y expertos que, en un momento dado, pelearán por ti. Precisamente el tener tantísimos afiliados era una palanca política muy grande y les permitía llegar a las instituciones. No es lo mismo ir a un ayuntamiento en representación de una asamblea de 200 personas, que está muy bien, que tener cientos de miles de afiliados —y por tanto, votantes— detrás. Eso es otra historia».

Pese a todo, el modelo alemán o nórdico tenía el inconveniente de la nula movilización en la calle. «Nos decían que si venían doce personas a una protesta en Berlín se veía como un éxito», explica Sanmartín. Así, los sindicatos de inquilinos españoles son el modelo de los del norte y este de Europa por su gran movilización. «La apuesta fue no perder esa base militante aunque tardáramos más en crecer en afiliados; ahora el siguiente paso es, precisamente, crecer para poder tener una palanca con la que influir en las instituciones», explica el sociólogo.

En València el primer sindicato de inquilinos echó a andar recientemente con la «exigencia» de bajar los alquileres de la ciudad un 50 %. Al acto acudieron Ángela y Pepa, dos mujeres jubiladas que resisten en un bloque propiedad de una familia muy acaudalada de València, y que quiere vaciarlo para poner la finca en alquiler turístico. Cuando uno entra por su rellano lo primero que ve es que todas las puertas están tapiadas con ladrillos menos las de estas dos vecinas que no tienen a dónde ir con sus exiguas pensiones. Por el momento aguantan apoyadas por el sindicato, que las entrevistó delante de una plaza llena de gente, como acto central de la presentacion de las nuevas asambleas de inquilinos. Pepa y Ángela son dos rostros de un drama, que no por cotidiano se normaliza, y que asola las ciudades; el de gente quedándose en la calle para hacer pisos turísticos. Carla, activista del sindicato, resumió las líneas maestras que les mueven. «Los alquileres son ya insoportables y hace años que una familia normal no los puede pagar. No nos vale con que se regulen o se topen, los alquileres tienen que bajar», reivindicaba para acabar con una mezcla entre un aviso y una declaración de intenciones: «que no nos llamen utópicos».

La «zona de seguridad»

Desde hace unos años los dispositivos de desahucio cuentan con algo llamado «zona de seguridad» que consiste en acordonar la calle —incluso para periodistas— con la intención de que los activistas ni siquiera puedan acercarse a la puerta para evitar el lanzamiento. Esa zona se suele establecer muchas horas antes de un desahucio. Si el desalojo es a las 9, la zona de seguridad se monta a las 7 de la mañana.

«Ahora la policía ha montado esta "zona de seguridad" para desahucios de "ciertas características" ¿Pero qué han venido, a por unos delincuentes? Estamos viendo ya muchos desahucios con presencia de decenas de policías y furgones, nos parece una barbaridad», cuenta Luis Vargas, exactivista de la PAH.

La sensación de los activistas del Sindicato de Vivienda de València es que «cuando el Estado no tiene ya nada que ofrecerte, lo que te ofrece es represión». Los jóvenes del sindicato acumulan ya una larga lista de multas por intentar parar desahucios de familias, que van pagando gracias a donaciones y una caja de resistencia.

Los sindicatos, solo en València capital, acompañan cientos de casos todas las semanas: «Estamos aguantando un gigante que se nos viene encima, y nosotros solos no tenemos fuerza. La Administración debería hacer algo pero no lo hace, al contrario, facilita la especulación», dice Vargas.

Otro de los rasgos de estos fondos es que suelen aterrizar en los países de la mano de representantes políticos, y su trabajo suele ir acompañado de una tarea de *lobby* paralela para facilitar regulaciones a su favor. Según José Luis González, portavoz de PAH València, el endurecimiento de los desahucios tras la llegada de estos fondos no es coincidencia. «Tenemos la sensación de que tienen una influencia decisiva sobre las decisiones judiciales, hay veces que las familias cumplen todos los requisitos del escudo social que los califica de vulnerables y el desahucio se insta igualmente. Hay algunas decisiones muy difíciles de comprender. La agresividad, al mismo tiempo, se ha ido incrementando con acoso inmobiliario cada vez más violento, el envío de empresas de desokupación la PAH ha presentado varias denuncias pero ninguna ha llegado a nada», explica.

Bloques liberados

El 29 de julio de 2024 una gran pancarta con bengalas de humo rosa brotó de la fachada del número 6 de la calle Berní i Català, en el barrio de Torrefiel (València). El bloque llevaba años abandonado, pero de un día para otro se llenó de gente. El Sindicat d'Habitatge de València lo había «liberado».

Desde entonces viven allí siete familias sin recursos que estaban malviviendo con sus hijos en albergues municipales. El cartel del sindicat rezaba «La turistificació ens expulsa de les nostres cases: recuperem-les». El bloque de siete pisos pertenecía a una constructora en quiebra y llevaba vacío desde el año 2012, así que el sindicato decidió convertir esos siete pisos vacíos en los hogares de siete familias sin techo en un acto que estuvo acompañado por una protesta festiva contra la proliferación de los apartamentos turísticos y los pisos vacíos de grandes tenedores, mientras «muchas familias se están quedando en la calle».

«Liberar bloques», es decir, okupar fincas vacías para meter a familias que no tienen un techo, es una de las acciones que utilizan los sindicatos para impulsar su agenda mediática. Y el principal objetivo es ese, la repercusión. «Somos conscientes de que liberando pisos no vamos a conseguir vivienda accesible para todos, pero sirve para hacer llegar nuestro mensaje a la gente», explica un activista. Tarde o temprano, estos bloques son realojados, aunque hay varios donde las familias que antes no tenían techo llevan viviendo varios años.

Para garantizar que los pisos se usan para familias sin recursos siempre hay algún activista del sindicato que vive en uno de estos pisos o aparece recurrentemente. «Sabemos que la miseria genera más miseria, y nos encargamos de controlar que los que viven ahí son las familias y que los pisos no se usan para fines delictivos», explican.

Luchar contra fantasmas

La imagen de la banca es vulnerable porque pretende situarse en la cúspide del poder. De ahí que sus sedes sean con frecuencia los edificios más altos de la ciudad. La banca invierte ingentes sumas de publicidad para captar clientes. Sin embargo, los desahucios dañan su imagen. Por eso es más fácil ejercer presión sobre ellos que sobre Blackstone o Cerberus o Lone Star. Estos fondos son gigantes, pero también son fantasmas. Las innumerables ramificaciones en varias sociedades hacen que sea muy complicado identificar quién está promoviendo el desahucio, qué personas hay detrás o hasta las viviendas que tienen en una ciudad, ya que muchas veces esta deuda puede ser vendida varias veces y pasar de mano en mano. Los fondos no tienen sede física. No tienen trabajadores. No tienen casi ni teléfonos a los que llamar.

Esa ha sido la principal dificultad de las plataformas para luchar contra ellos. «Antes el Banco Sabadell tenía un director general de morosidad, que se encargaba de todas las hipotecas impagadas que había. Yo tenía su número personal y había un contacto muy directo. Íbamos a la central con afectados y negociábamos. Conseguimos daciones en pago e incluso alquileres sociales para gente que se había metido en una vivienda. Era gente con la que se podía hablar. Pero ahora que los pisos han pasado a manos de los fondos la historia ha cambiado radicalmente. Ellos desahucian sin miramientos, no hay nada que hablar», explica Luis Vargas, de la PAH.

Los fondos no tienen rastro que seguir ni trabajadores en València. La realidad, según testimonios de varios directivos de estas empresas que prefieren mantenerse anónimos, es que la plantilla efectiva de los fondos está en los *servicers*, gestoras de vivienda que los fondos contratan para sus activos. El problema es que esos *servicers* son empresas totalmente distintas, con lo que la responsabilidad queda totalmente diluida. El *servicer* no responde porque no es el dueño de la vivienda, y el dueño de la vivienda es imposible de localizar. Son fantasmas a los que es muy complicado reclamar. Aunque la vinculación está ahí y la mencionan los propios directivos, no se puede probar oficialmente.

Sin embargo, el trabajo de las plataformas ha hecho que puedan granjearse contactos, en concreto el de una abogada que gestiona los activos de los fondos que han presentado problemas. Sin embargo, se trata de una persona que —en testimonio de las plataformas— no tiene poder de decisión alguno. «Siempre tiene muy buenas palabras y le dice a las familias que busquen toda la documentación que se te ocurra. Les da falsas esperanzas porque luego siempre acaban en desahucio», explica José Luis González, de la PAH.

«Lo único que hace es marear a la gente cuando realmente no tienen intención alguna de renovar. Hace poco conseguimos parar un desahucio en la puerta y la comisión judicial nos dio diez días para el siguiente. Conseguí hablar con esta persona del fondo y nos dijeron que le pasáramos documentación porque lo iban a estudiar. A los diez días me llamó la mujer con un ataque de ansiedad a las 8 de la mañana porque se había asomado por su balcón y tenía seis furgones de policía en la calle. Fui corriendo y al llegar le dije a los agentes que tenía que ser un error porque estábamos negociando con la propiedad. Y lo que me sacaron fue la orden de desahucio», explica Luis Vargas.

Huelga de alquileres

Una de las últimas propuestas y más mediáticas de los sindicatos de inquilinos ha sido la «huelga de alquileres». Una propuesta tan inexplorada como simple: que los inquilinos dejen de pagar masivamente hasta que los precios bajen. Aunque lo de inexplorada es casi una forma de hablar porque ya hubo una huelga de alquileres en España en los años treinta.

En su libro *La huelga de alquileres y el comité de defensa económica,* el historiador Manel Aisa narra una situación que los sindicatos consideran que tiene similitudes a la actual. En aquel momento la vivienda de ciudades como Barcelona se concentraba en muy pocas manos: las de los dueños de las fábricas donde trabajaban los obreros. Al mismo tiempo había un sindicato, la CNT, que aglutinaba una enorme cantidad de afiliados y por tanto tenía mucha capacidad de acción. «Era un circuito perverso, porque el dueño te paga por un lado pero luego recupera ese dinero porque podía inflar lo que quisiera los precios de la vivienda», cuenta Luis Sanmartín. Llegado un momento las fábricas empezaron a anunciar despidos de cientos de trabajadores que, por ende, se quedaban sin casa. Así, la CNT convocó la primera huelga de alquileres en España, que quedó truncada al poco tiempo con la guerra. Por tanto, no se pudo demostrar su eficacia.

Para Sanmartín, este hecho da una nota de esperanza a los sindicatos, porque «nunca sabes si una acción que tú planteas puede ser recuperada y utilizada por alguien más dentro de muchos años. Si en los años treinta la CNT no hubiera organizado esta huelga nosotros no nos la estaríamos planteando», explica.

Los nuevos okupas no llevan cresta

Un espejo comprado en el bazar chino del barrio. Por aquel entonces Sergio no podía hacerse ilusiones de tener cosas buenas porque
no tenía dinero. «Pasé por delante del escaparate y decidí darme
un capricho. Me compré este espejito y pensé "esto es propiedad
mía". No sé cómo explicarlo. Es mío de verdad». Al poco tiempo, él,
junto a su mujer Sara y sus cuatro hijas menores fueron desahuciados. Antes era albañil. Así empezó a ser okupa.

Hoy Sergio mira ese espejo desde un piso «de patada» del barrio
valenciano de Orriols. Todavía lo conserva. Es un retazo de su anterior vida. Han pasado casi diez años y seis desahucios por usurpa-
ción de vivienda. Él no es un criminal, ni pertenece a ninguna de
las famosas «mafias», es un ex paleta y padre de familia que, ahoga-
do por la pobreza, se vio en la calle con sus cuatro hijos. Su familia
es okupa en España, el país con más vivienda vacía de toda Europa
y con más inmuebles construidos por habitante. Y sin embargo él
no encuentra un hogar. Vive en un piso propiedad de Cerberus, con
intentos de desahucio periódicos. La ansiedad, la tristeza y las noches sin dormir pensando en el día en que llegará la policía para
sacarlos le amargan la vida.

Vicky toma benzodiazepinas y ha desarrollado agorafobia y depresión. No es capaz de caminar diez pasos más lejos de su portal
porque tiene pánico a que la echen de casa. También es okupa, parece que toda su vida en los últimos años se ha reducido a ese ad-
jetivo: okupa. Su hijo recibió la carta de desahucio con 14, cuando
abrió la puerta al representante del fondo buitre. Desde entonces
no ha vuelto a ser el mismo. Se encerró en su casa y dejó de ir al
instituto, obsesionado con defender a su madre. Las notas cayeron
en picado y acabó en un fracaso escolar.

Los nuevos okupas no llevan cresta, son familias aterrorizadas
(muchas de ellas) porque se han visto en la difícil tesitura de elegir
entre meterse en un piso de banco con sus hijos o dormir en la
calle. Así son muchos de los casos con los que trabajan las platafor-

mas por el derecho a la vivienda a día de hoy, que precisamente denuncian una «criminalización» hacia un fenómeno que está poco extendido y que, en su amplísima mayoría, va contra viviendas vacías de bancos y de fondos.

La Oficina de Seguimiento de Viviendas Ocupadas en la Comunidad de Madrid, dependiente de Policía Nacional, contabilizó en 2017 que en la región había 3.994 casas ocupadas sin título legal. De estas, 2.045 pertenecían a bancos y grandes fondos de inversión y sólo 621 eran viviendas particulares (también de grandes tenedores). El parque de vivienda en la Comunidad de Madrid es de 2,9 millones de viviendas, por lo que resulta que solo el 0,14% está okupado. Si nos fijamos en la okupación de viviendas de particulares, vemos que tan solo supone el 0,05%[16] de las viviendas, una cifra en la que se incluyen propietarios únicos y grandes tenedores. La plataforma Obra Social Barcelona publicó un estudio sobre el fenómeno de la okupación en Catalunya en el año 2018. De ahí se informa que el 93% de las personas que se ven obligadas a ocupar tienen unos ingresos por debajo de mil euros para todo el hogar. En el 55% de los casos hay menores de edad, el 73% de las personas tienen nacionalidad española y el 75% ocupan por no poder pagar una vivienda o tras haber sufrido un desahucio. Todo, en un país con un 13 % de vivienda en desuso, según datos del INE. Por poner datos más recientes, en 2023 hubo 389 juicios por okupación ilegal de viviendas en la Comunitat Valenciana, que tiene un parque de 3,2 millones de casas. Eso significa que la okupación sólo afectó a 0,001 % de los pisos que hay en territorio valenciano. De esos, la mayoría de bancos o de fondos de inversión.

Sergio, Vicky, Hanine o Mónica son cuatro caras tras los fríos números del problema de la vivienda. Cuatro vidas que no son más que una cifra perdida en los portafolios de algún cajón de la City de Londres o la Gran Manzana de Nueva York. Caras con sus fatigas,

---

16 Datos del Ministerio de Interior para el año 2023 que referencian sólo a viviendas de particulares.

sus angustias, sus problemas y sus miedos. Caras a las que se le cae el mundo encima con motivos y que, ante el desembarco de una industria depredadora de las ciudades han sido abandonados por el Estado y sus servicios públicos después de una vida pagando impuestos. Sólo les quedan los sindicatos. *Força Sindicat.*

Las entrañas de los fondos

En noviembre de 2020, Divarian, filial del fondo buitre Cerberus, intentó el desalojo de 38 familias en la Pobla de Vallbona (València). Quería subir el alquiler del edificio entero, echando a sus inquilinos por el camino. Aquella fue la primera vez que se mencionó en la prensa valenciana el nombre y apellidos de uno de estos «fondos buitre». La Plataforma de Afectados por la Hipoteca (PAH) hizo de altavoz del caso y Conselleria de Vivienda se personó allí. Esa fue la primera de muchas reuniones entre Generalitat y Cerberus para tratar desahucios masivos, algunos de 400 personas. Ninguna trascendió hasta día de hoy por la petición expresa del fondo de que esas reuniones no se conocieran por la opinión pública.

Alejandro Aguilar, ex secretario autonómico de vivienda con Podem, asistió a muchas de estas reuniones. «Para empezar, nunca mandaban a nadie que trabajara directamente para el fondo, siempre era una trabajadora social de una gestora o algo por el estilo, pero nunca nadie con mando en plaza», explica. La realidad, añade, es que «cuando hay 400 familias que van a echar de sus casas las críticas van para la Administración, y ahí el fondo tenía la sartén por el mango. Nosotros no teníamos la capacidad de dar una alternativa habitacional a 400 familias de golpe. Puede sonar fuerte, pero estos fondos son tan grandes y tienen tanto dinero que la Administración estaba en una posición de desventaja frente a ellos y era muy difícil plantarles cara. Los fondos nos bombardeaban cada semana con decenas de desahucios y prácticamente no podíamos llegar a gestionar el día a día. Cuando nos ponían encima de la mesa el desalojo de 400 personas, simplemente no podíamos enfrentarlo».

La opacidad de los fondos, su preferencia por actuar en las sombras, tiene una razón de ser. La respuesta que han dado estas empresas durante años de investigación ha sido el silencio o, como mucho un «eso no nos interesa que se publique». Sin embargo, ha sido posible contactar con dos directivos de estos grandes fondos para que ellos mismos puedan contar su historia y desmontar muchos mitos que siguen pesando sobre una industria que se ha sentido desde que llegó a España, muy señalada, castigada, y estigmatizada. En las siguientes páginas hablarán los directivos de estos fondos de inversión que, por la política de estas empresas, han preferido mantenerse en el anonimato.

La reputación lo es todo para los fondos. Sin ella, el negocio peligra. «Tienes que pensar que detrás de muchos fondos hay dinero de ahorradores, por ejemplo, los planes de pensiones de los bomberos de Nueva York. Imagina que tú eres un bombero de Nueva York y escuchas que en España la gente se está suicidando porque los fondos de inversión están comprando vivienda. Puedes sentir atacados tus valores éticos y pensarte mejor dónde meter tus ahorros. Ha habido muchísima demagogia durante todo el periodo de entrada de estos grandes inversores, por eso, en cuanto hay cualquier mínimo riesgo reputacional, se corta de raíz. Este sector se ha sentido señalado y criminalizado, y por eso no dan declaraciones a la prensa. Porque sienten que no ganan nada», explica una de las fuentes.

El negocio al entrar a España nunca fue, ni dejar las viviendas vacías durante años, ni comprar barato y vender caro. Un fondo *distress* (o «buitre», como se le ha tachado) se dedica a reflotar aquello en lo que nadie quiere invertir: «Cogemos una empresa en horas bajas, la remontamos, y la vendemos», explican. Algo similar se pretendió hacer con la hecatombe de activos tóxicos de los bancos tras la crisis financiera pues —y esto es importante— los fondos entienden la vivienda como un activo financiero más. Una mercancía.

Los fondos vieron una oportunidad de negocio. «Había muchísima vivienda barata por culpa de las cajas de ahorros que habían quebrado. El negocio no estaba en dejar el piso vacío, estaba en convertir 10.000 viviendas abandonadas o con una morosidad brutal en 10.000 viviendas alquiladas a precio de mercado», cuentan. A eso se le llama «cartera estabilizada». El siguiente paso, según cuentan los directivos, era vender esas carteras a grandes aseguradoras como Axa, Allianz o Mapfre, generando una gran plusvalía en la venta. «Las aseguradoras buscan inversiones con cero riesgo y que les den rentabilidades moderadas para hacer frente a los planes de pensiones que ofrecen, y esta era ideal para su modelo. Una cartera con miles de viviendas, inquilinos de larga estancia que le pudieran dar un 4%, que es algo bastante conservador», cuentan. En resumen, era un traspaso de los activos de un fondo *distress* (que asume mucho riesgo, y por tanto tiene mucha rentabilidad) a un fondo *core* (más conservador).

Pero para crear estas «carteras estabilizadas» hacían falta años de trabajo y sobre todo expulsar a inquilinos morosos o que no pudieran pagar para, según el caso, arreglar la vivienda y alquilarla a otros con capacidad de hacer frente a una renta a mayor precio. Y en ese proceso surge la conflictividad, los desalojos masivos, y los problemas con los inquilinos. Una tarea poco grata donde la opacidad y trabajar fuera de los focos juega a su favor.

Sin embargo, también ha habido proyectos que, por esa opacidad, no han trascendido. «Nos encontramos muchos casos conflictivos, y contratamos empresas especializadas para conseguir que 1.638 familias volvieran a trabajar para tener capacidad de pagar un alquiler. Primero formalizamos un contrato de alquiler social muy por debajo del precio de mercado con la condición de que les ayudaríamos a reincorporarse al mercado laboral. Y de hecho, cuando llegó el momento, muchas pudieron recomprar su casa a un precio bastante justo. Estas familias estaban con un pie en la calle porque el banco les había quitado el piso e impuesto una orden de desahucio, pero el fondo les ayudó a volver a trabajar y pudieron comprar la vivienda», cuenta un directivo.

Blackstone en el Congreso

Este era, sobre el papel y según los fondos, el objetivo: vender a un fondo *core* que buscara rentabilidades moderadas. Pero la realidad no pudo ser más distinta, y tuvo un punto de inflexión: el 3 de febrero de 2021 el exvicepresidente segundo del Gobierno, Pablo Iglesias, menciona a Blackstone en el Congreso y pone todos los focos en una empresa alérgica a la luz y taquígrafos.

Fue en una sesión de control en respuesta al exdiputado del Partido Popular Teodoro García Egea, cuando Iglesias formuló una pregunta sobre la okupación de viviendas. «Se lo digo a usted, a Blackstone y a quien haga falta: el artículo 47 de la Constitución: "Todos los españoles tienen derecho a disfrutar de una vivienda digna y adecuada. Los poderes públicos promoverán las condiciones necesarias y establecerán las normas pertinentes para hacer efectivo este derecho, regulando la utilización del suelo de acuerdo con el interés general para impedir la especulación"».

El desgaste, según fuentes de estos fondos, venía de antes. El anterior Gobierno de coalición progresista ya había puesto algunas medidas regulatorias encima de la mesa, la más reciente la proposición de que estos fondos cedieran un 30% de sus viviendas a los parques públicos de las comunidades autónomas en régimen de alquiler social. Eduard Mendiluce, gestor inmobiliario de Blackstone, tuvo que romper la disciplina de silencio para contestar que «el alquiler social depende ciento por ciento de la Administración pública». Eran sólo propuestas, pero el «señalamiento» y los vientos de una posible regulación de los alquileres hicieron que los fondos frenaran en seco la creación de estas «carteras estabilizadas». Ese día comenzaron a cambiar el rumbo para irse de España más pronto que tarde. Blackstone en el Congreso fue la gota que colmó el vaso.

La estrategia entonces fue vender «al por menor». Así, fondos de inversión más pequeños y particulares (la gran mayoría grandes tenedores de vivienda) comenzaron a adueñarse de los pisos de los fondos buitre, es decir, de los pisos provenientes del rescate bancario. «Estos sí que buscaban grandes rentabilidades y querían tomar más riesgos. Hablamos de personas que quizá compraban cinco pisos para ponerlos en alquiler por habitaciones o una sociedad que compraba dos bloques enteros para convertirlos en apartamentos turísticos».

Esto es, según los fondos, lo que dinamitó y disparó los precios del alquiler que a día de hoy parecen no tener techo. «Se habla de que los fondos se quedaron en torno a un millón de viviendas en España. Si no hubiera existido ese punto de inflexión de un vicepresidente señalando en el Congreso a esta industria, los fondos hubiesen continuado el trabajo de crear sus carteras estabilizadas. Habrían seguido arreglando las viviendas y ahora tendríamos 800.000 o 1.000.000 de pisos en alquiler, y además en manos de aseguradoras que no buscan disparar los precios, sino inquilinos de larga estancia que les den rentabilidades moderadas de un 2 o un 4%. Nos hicimos mucho daño a nosotros mismos al excluir del mercado de alquiler profesional a las grandes aseguradoras. Si no se hubiera truncado el plan, este problema del incremento del precio de la vivienda ahora sería muchísimo más mitigado».

El problema, según estas fuentes, fue señalar al fondo de inversión como «un enemigo». «En vez de seguir montando esa cartera de alquiler para venderla a un fondo *core* se decidió vender piso a piso, y ahí es cuando entra el inversor particular y cambia completamente la radiografía del país. El particular busca las rentabilidades altísimas del alquiler vacacional, por habitaciones o de corta estancia (que tienen más riesgo), mientras que las aseguradoras habrían tomado menos riesgos con alquileres de larga duración y rentabilidades bajas porque les iba a dar mucha más tranquilidad».

¿Qué ha ocurrido? «Han dinamitado el mercado de alquiler español estos últimos ocho años. La vivienda de alquiler residencial ha pasado a otro negocio mucho más rentable y arriesgado: el turístico, de temporada o por habitaciones, y han condenado a la gente que quería una vivienda tranquila», reivindican estas fuentes. En resumen, «los buenos inversores se están yendo y se han quedado los malos. Estos fondos, por ejemplo Blackstone, tienen el mundo a sus pies. Para que la gente lo entienda, es como si vas a un restaurante y puedes pedir cualquier cosa de la carta sin pestañear. Blackstone no tenía necesidad de aparecer en el Congreso de los Diputados de esa manera despectiva, y por tanto dijeron "bueno, si no me quieren en España me iré a invertir a Irlanda, a Estados Unidos o a China". Al final eso es lo que hace el capital, irse donde tiene las condiciones más ventajosas», sentencian los directivos.

Inseguridad jurídica

Otro elemento que ha jugado en contra de los fondos, según reivindican, es la inseguridad jurídica que se respira en España y las leyes que protegen (en su opinión, en exceso) a inquilinos y okupas. «Supón que una familia pone a la venta un edificio entero. El problema ahora es que ningún fondo *core* te lo va a comprar por la inseguridad jurídica que hay. Ponte en la situación de que eres una sociedad alemana, o una aseguradora, que quiere invertir en València porque sabe que hay una demanda brutal de alquiler de larga estancia. Entonces buscas un edificio que te lo permita y encuentras ese. Pero te pones a mirar la legislación y ves todo lo que cuesta desalojar a inquilinos morosos. La realidad es que esa rentabilidad bajita del 3 o 4 % no te la aseguran, y te lo piensas mucho. Quizá te vayas mucho antes a Francia, porque tiene una legislación más favorable». Siguiendo en esta línea, lo que según los fondos ha ocurrido es lo siguiente: «Esos compradores, los *core,* ya no están en el mercado español ¿Quién te compra el edificio en su lugar? Fondos más pequeños, oportunistas que no tienen miedo a hacer vacacional y a subir el alquiler de un distrito un 15 % cada año como hemos ido viendo. Ahí, en esas manos es donde ha acabado todo un parque de vivienda que se estaba rehabilitando y generando para venderlo a inversores conservadores».

Las consecuencias a la larga, según la lectura que hacen los responsables de los fondos han sido «nefastas». «Dinamitas el mercado y pasas de tener cinco grandes fondos a miles y miles de pequeños propietarios que no son inversores profesionales y hacen cosas con mucho riesgo». La mayoría de estos particulares son fondos de inversión oportunistas más pequeños, pero también los hay particulares con algo de dinero extra que deciden invertirlo en estas prácticas. «Eres el dueño de un bar y te levantas temprano siete días a la semana, sabes lo que cuesta ganar lo que ganas al mes. Has conseguido ahorrar 60.000 euros y te dicen que si inviertes en un par de pisos y los pones en alquiler vacacional te puedes sacar 2.500 euros todos los meses. Y él piensa en todas las horas que tiene que echar en el bar para ganar ese dinero, y luego piensa que si no lo pone él en vacacional lo pondrá un vecino, y así empieza la bola de nieve que a veces alimentan los propios residentes de un barrio que expulsa a sus vecinos», cuentan.

La hipótesis de estos directivos es la siguiente: «En el año 2020 y 21 nos cargamos a los fondos que nos iban a ayudar a tener un buen parque de vivienda en alquiler. Obviamente habrían ganado mucho dinero, aquí nadie es una ONG. En su lugar vinieron otros fondos que lo que quieren es ganar el máximo dinero que puedan sin preguntarse el daño que hacen». Lo cierto es que hay ejemplos de otros países donde sí que se ha completado este trabajo, como Alemania, donde se creó Vonovia, una enorme agencia de alquiler de vivienda que se nutrió tras esta tarea de revalorización del parque de pisos hecha por los fondos de inversión.

Las viviendas que les quedan a los fondos

Sin embargo, pese a la desinversión que realizaron los fondos, hay algunos que sí que se quedaron con carteras de vivienda en alquiler, aprovechando precisamente esas grandes subidas que les generan muy buenas rentabilidades y con el objetivo de venderlas a un fondo *core* cuando el mercado toque techo.

Es imposible saber las viviendas que tienen estos grandes fondos ahora mismo en propiedad, pero según una estimación de estas fuentes del sector, podrían estar en torno a las 20.000 en la Comunitat Valenciana, la mayoría concentradas en las ciudades de València y Alicante y las comarcas del sur. El fondo que más viviendas en alquiler ha mantenido para este fin es Cerberus, en la socimi de Macc Residencial, que posee alrededor de las 11.000 viviendas, con una facturación de 100 millones de euros. El fondo estadounidense ha conseguido montar una de estas carteras con muy buenas rentabilidades y su plan a medio plazo es venderla a un fondo conservador. «Suelen ser aseguradoras, fondos soberanos o institucionales. Ese es el *exit* de muchos fondos en otros países», cuenta una fuente del sector. El plan del fondo era, al igual que el resto, desinvertir para irse de España, pero sus analistas detectaron que algunas de sus viviendas sí que podrían tener buenas rentabilidades a medio plazo antes de salir del país. «Cogieron unidades en muy mal estado, las reformaron y ahora que están en buenas condiciones pueden sacarles muy buena rentabilidad antes de venderlas definitivamente», explican.

Aunque los fondos no tienen prácticamente trabajadores en nómina en España, sí que cuentan con los mejores equipos de arquitectos, analistas y expertos financieros para que les asesoren en las mejores oportunidades de inversión. Para situar el calibre de las operaciones, tan sólo una de las filiales de Cerberus desembolsó 2.900 millones de euros a devolver con intereses en cinco años. «Su conocimiento del mercado es absoluto, tienen los mejores abogados, arquitectos y analistas del mundo», explica precisamente un gestor que ha trabajado con algunos de estos fondos. Esto significa que saben exactamente el punto en el que deben vender antes de que el mercado empiece a depreciarse. En el caso de Cerberus, sus planes son mantener la cartera a medio plazo, al menos hasta 2027, siendo este el año en el que se pueden plantear una venta e irse de España.

Sin embargo, las inversiones no son una ciencia exacta y puede haber multitud de imprevistos. Por ejemplo el tope a los precios del alquiler en Cataluña. Esta medida aplicada recientemente por la Generalitat supuso la desbandada de estos grandes fondos y la venta de sus viviendas al ver que ya no podía haber un crecimiento de rentas. Así, los grandes fondos de inversión han redoblado su apuesta por la vivienda en València tras tener que salir de Barcelona por el tope a los alquileres. Así lo aseguran varios directivos del sector.

La tercera ciudad de España siempre ha sido, en realidad, uno de los grandes caladeros para estas empresas, por ser muy atractiva para los extranjeros y tener aún mucho margen de crecimiento. «Ver ofertar en pueblos como Catarroja un cuarto sin ascensor sin arreglar por 800 euros al mes te certifica que la necesidad de vivienda es mucho más importante en València. Efectivamente, esto es lo que atrae al capital, donde el riesgo de invertir en la tercera ciudad de España frente a hacerlo en Madrid les compensa por unas rentabilidades», explica un directivo.

Fondos como Blackstone, Vivenio y Cerberus decidieron desprenderse de sus casas una a una al acabar los contratos de arrendamiento, en una operación de desescalada para salir de Catalunya. Según confirmaron directivos del sector, el tope en el precio a los contratos de alquiler y la regulación en materia de vivienda no han gustado a estos grandes propietarios.

Así, los fondos han puesto el punto de mira en la capital del Turia, pero especialmente en el área metropolitana, ya que es la que mayor margen de crecimiento tiene. Sólo Cerberus está comprando unas cien viviendas cada mes, un ritmo que esperan incrementar en localidades como Torrent, Xirivella, Paterna y Burjassot. Tras salir de Barcelona, València, Madrid, Málaga y Sevilla se han convertido en sus dos «mercados fuertes».

Tres de los seis megatenedores son fondos estadounidenses

Tres de los seis mayores megatenedores de vivienda en la Comunitat Valenciana ya son fondos de inversión estadounidenses, según los últimos datos de la Conselleria de Hacienda sobre fianzas depositadas y publicados por Civio. Las consecuencias de la regulación en Catalunya indican que esta realidad podría ir a más.

Los datos de Civio no reflejan la totalidad de las viviendas de los fondos, que funcionan con un entramado de filiales y empresas muy complicado de rastrear. Pese a todo, sirven para tener una radiografía de la estructura de la propiedad inmobiliaria, en la que tres de los seis megatenedores son sociedades extranjeras. En concreto, se trata de Cerberus, que tiene 980 viviendas; CBRE, con 971 viviendas en una filial, y Blackstone, con 774 viviendas mediante cuatro filiales. El fondo TPG se sitúa como el octavo mayor tenedor de vivienda de la Comunitat Valenciana, con 568 viviendas en dos filiales. La Administración autonómica sigue siendo la mayor casera del territorio.

Los fondos valoran el crecimiento enorme de rentas que ha tenido València en los últimos años, pero también la ubicación y la enorme demanda que tiene la ciudad sobre todo por parte de extranjeros, muchos con mayor poder adquisitivo que la población local. El número de hogares que se constituyen está creciendo mucho más rápido que las construcción de vivienda, lo cual tensiona aún más los precios. La ciudad y el área metropolitana son, explican, un mercado aún en expansión y no tan tensionado como Madrid o Barcelona, pero que al mismo tiempo «se está empezando a poner caro». «Hace dos o tres años comprabas muy bien y ahora está empezando a subir, pero es una ubicación que nos encanta y queremos seguir invirtiendo», explican fuentes del sector.

València es la ciudad donde más ha crecido el precio por metro cuadrado del alquiler entre 2015 y 2022, según el informe más reciente del Banco de España, un aumento que llega al 80 % en algunos barrios. Las tres capitales de provincia están en los cinco primeros puestos de la lista de aumento de rentas. Pese a todo, los fondos oportunistas consideran que aún hay margen de crecimiento.

La nueva industria de los *servicers*

El cambio de plan de los fondos vino de la mano de una nueva industria que se jugaría cientos de miles de millones de euros, la de los *servicers* o gestoras. La hecatombe inmobiliaria española fue absorbida por estos fondos, que de un día para otro se encontraron con una cantidad ingente de deuda, inquilinos morosos, y propiedades provenientes de cajas quebradas que debían gestionar. Entonces no existían empresas en España capaces de digerir tal cantidad de deuda, por tanto, se tuvieron que crear.

Este sector nació de los propios bancos tras la crisis financiera de la pasada década, ya que necesitaban empresas que gestionaran sus crecientes y enormes carteras de activos inmobiliarios y créditos fallidos. El siguiente paso fue el traspaso de estas empresas a fondos. Fue el paso, por ejemplo, de Blackstone, que compró a Santander la cartera del Popular y el *servicer* Aliseda; Cerberus cerró el trato con BBVA y se hizo con Anida; Lone Star hizo lo propio con Caixabank, por lo que heredó Servihabitat; o Cerberus ganó Haya Real Estate tras engullir el ladrillo tóxico de Bankia.

Hoy en día esta industria gestiona 217.000 millones de euros en activos. Así nació la industria de los *servicers*, la de la gestión de la deuda en un país donde las entidades financieras vendieron muchas de sus propiedades a grandes fondos de inversión extranjeros que necesitaban gestionar sus carteras. Como explica un responsable de una empresa gestora «es importante entender que los bancos no tienen ni idea del negocio inmobiliario. Ellos se dedican a prestar dinero e invertir, pero de un día para otro se encontraron con una cantidad ingente de viviendas en propiedad, por eso la vendieron a los fondos y por eso era necesario que existieran estas gestoras, para profesionalizar esa tarea».

La nueva realidad post-crisis financiera hizo que fueran necesarias estas empresas gestoras de enormes paquetes de deuda, y los propios fondos vieron otro negocio ahí. Así aparecieron nuevos actores, como el fondo sueco Intrum, que hoy en día es la mayor *servicer* de España, con 62.000 millones de euros en activos bajo su responsabilidad y miles de trabajadores en nómina. También surgieron otras como Haya Real Estate, la flamante y potente gestora propiedad de Cerberus, que llegó a tener carteras tan relevantes como la de la Sareb, entrando en un posible conflicto de intereses, ya que la el banco malo vendía viviendas a precio de remate que le interesaban al fondo estadounidense.

En resumen, la deuda entonces era casi inabarcable. Cada día se abrían cajones nuevos con documentación de viviendas con una morosidad brutal o a medio edificar. Sin embargo, con el tiempo esa deuda se fue digiriendo, y por tanto el pastel de la industria no fue tan grande. Tras la fusión de bancos (Santander-Popular, Caixabank-Bankia, Unicaja-Liberbank) llegó el turno a las gestoras de activos que en gran parte están en manos de fondos como Lone Star, Blackstone o Cerberus. «La concentración bancaria lleva a la concentración de los *servicers*. Es inevitable», explica una fuente del sector. En muchos casos, son los propios fondos los que están saliendo de estas empresas al culminar su ciclo en España.

Intrum, por ejemplo, absorbió Solvia, Lindorff, Aktua, Haya y Anida, mientras que Anticipa y Aliseda se fusionaron. Por otro lado, algunas como Altamira (ahora DoValue) apostaron por la internacionalización y expandir el negocio a Grecia, Italia y Portugal. Algunas, incluso, han optado por virar a otros negocios, como la propia Anticipa, que ha lanzado EFFIC, una empresa para la rehabilitación de viviendas y desarrollo de suelo. «La tarta nacional ya no es tan grande, así que los *servicer* tienen que fusionarse o inventarse fórmulas imaginativas para seguir existiendo», remarca.

Intrum Solvia, Hipoges Iberia, Anticipa-Aliseda y Servihabitat son hoy los siete principales actores en el mercado de *servicers* de España, gestionando activos por valor de más de 142.000 millones, según la séptima edición del *Observatorio Assets Under Management* elaborado por la consultora Axis Corporate, parte de Accenture. Si a estos *servicers* se le suman los activos de DoValue, Servihabitat y Gescobro, la cifra alcanza los 217.945 millones de euros.

La estructura de los fondos

Podría decirse que la verdadera plantilla de los fondos buitre en España es la plantilla de sus *servicer* asociados. No existen prácticamente trabajadores que cobren su nómina de Cerberus Capital Management, pero sí miles de personas que cobran una nómina de Gescobro, *servicer* propiedad de Cerberus que, en última instancia, se dedica a gestionar la deuda de la sociedad norteamericana. «La estructura es muy jerárquica. Las decisiones se toman siempre en Nueva York o en Londres y el fondo en sí tiene muy pocos trabajadores en España. Realmente los trabajadores están, por así decirlo, en la gestora. Por ejemplo, los 400 o 500 trabajadores de Anticipa son 100 % de Blackstone, pero no son de Blackstone como tal, al ser de una empresa externa. Nunca son empresas propias del grupo, se compran *servicers*, generalmente a los bancos, para poder gestionar esas carteras directamente», explica una fuente de estos fondos. Esto se debe a que la naturaleza de los fondos es nómada: cuando Blackstone llega a un sitio ya está pensando en cómo irse, generalmente en cinco o siete años. Por tanto, evitan montar grandes estructuras empresariales.

Sucede de igual manera con la plantilla de gestores, arquitectos o analistas que tienen los fondos de inversión y que contratan cada vez que tienen que realizar una operación, ya que se trata de inversiones de un calibre gigantesco. «Hay que hacer una inversión de miles de millones con dinero que no es tuyo, así que en la mayoría de los casos tiene que pasar por sesenta ojos», explican.

Otra característica de estos fondos es la ingeniería fiscal y el uso del sistema a su favor para pagar la menor cantidad de impuestos posible en sus operaciones. Esto lo hacen gracias a la plantilla de expertos, en este caso en fiscalidad. Pero la realidad —y esto es importante— es que no hay nada ilegal en estos movimientos. Así lo explica uno de los directivos de estos fondos: «Tú eres de Nueva York, naciste y creciste en el Bronx, ahora trabajas en Blackstone y vas a invertir el dinero de los planes de pensiones de los bomberos de Nueva York.

Tú tienes que responder de ese capital, y te dicen que tienes varias opciones; una es tributar en España pagando un 40 % de impuestos, y la otra es tributar en Irlanda donde se paga un 12%. Evidentemente te vas a Irlanda si te dan la opción. Si existiera una política fiscal homogénea esto no pasaría. La pregunta real que hay que hacerse es ¿es lícito que alguien de Nueva York decida pagar impuestos en Irlanda en vez de en España?».. Así, estos fondos aprovechan las leyes fiscales a su favor para tributar en países que les son más ventajosos, pese a que su negocio se desarrolla aquí.

«Supongo que cada uno tiene su respuesta, pero si los fondos tributan en Luxemburgo, Países Bajos o Suiza es porque no hay una política fiscal homogénea. Es evidente que voy a preferir crear el vehículo en Luxemburgo porque voy a ganar más dinero», reivindican. Por último, explican que «habría que mirar la renta per cápita y el crecimiento de Irlanda y de España en los últimos años. Esa es otra pregunta que habría que hacerse cuando toca desarrollar la política fiscal, si es mejor ser atractivo para los inversores o subir los impuestos».

Challenger y Coliseum, las carteras envenenadas

Las periferias de València y Alicante, donde se erigen los edificios de ladrillo visto y toldo verde, son el feudo de Cerberus. Las Caja de Ahorros del Mediterráneo fue clave para que una clase trabajadora que migraba de los pueblos pudiera hipotecarse, pero el estallido de la burbuja inició un cambio de manos, primero al Sabadell y luego a este fondo buitre americano, que no era consciente de que estos barrios degradados iban dentro del paquete.

Cerberus sabía que compraba una cantidad ingente de vivienda, y que en esa cartera de deuda morosa había muy buenos pisos (los que ahora están en la socimi de alquiler que planean vender) y otros de los que va a ser muy difícil que se deshagan. Hablamos de los barrios de la zona norte de Alicante y la periferia de València: Carolines, Fuensanta, Orriols

Se trata, por lo general, de barrios con un problema de okupación bastante extendido y con familias con enormes dificultades a un empleo y por lo tanto, problemas para pagar cualquier alquiler mínimamente parecido a los precios de mercado. Son personas que están en el alambre, que si son «inquiokupas» es porque la otra opción era construir una chabola.

Los fondos se dieron cuenta rápidamente de este problema e iniciaron una estrategia para conseguir su objetivo de gentrificar estos barrios. El plan era echar a los inquilinos morosos, arreglar los pisos y, o bien venderlos, o bien meter a inquilinos que pudieran pagar más dinero, sustituyendo a la gente del barrio por otra de una clase social más alta. Todos estos barrios nacieron, precisamente, como vivienda protegida para que las clases más desfavorecidas pudieran tener una vivienda, pero finalmente acabaron en manos de los fondos extranjeros.

Para vaciar los pisos había dos estrategias: los «incentivos» o la vía judicial. Los «incentivos» son ofrecimientos de dinero a las familias para que dejen la casa, bien por ser okupas o incluso con el contrato de alquiler aún en vigor. Las cantidades oscilan entre los 2.000 y los 6.000 euros. Esta vía suele estar acompañada de llamadas insistentes o incluso visitas de empresas de recuperación de activos que cada fondo se encarga de contratar para cada caso. Algunas empresas que se han identificado son Wallner Group, Grupo Adgest o ADP Security Iberia, pero se trata de cientos de empresas distintas según la zona de España en la que haya que recuperar el activo. Una característica de los fondos es su seguimiento estricto de la legalidad, por tanto, es muy poco común que recurran a empresas de desokupación. Es más común que los que llamen sean trabajadores de gestorías.

Si los «incentivos» no funcionan, se pasa a la vía judicial, es decir, la del desalojo, siendo esta mucho más lenta y pudiendo durar años, ya que muchas de las familias afectadas tienen menores a su cargo sin más alternativa que quedarse en la calle, lo que hace que los jueces protejan al niño o niña en la medida de lo posible y, aunque el desahucio sea inevitable en la gran mayoría, el proceso se extienda mucho más en el tiempo. Durante este tiempo el fondo exige a los inquilinos morosos el pago de una «tácita de reconducción» (similar a un alquiler)[17] durante el tiempo que dure el litigio.

Otra realidad a añadir es la existencia de mafias de venta de llaves en estos barrios. Se trata de grupos que «abren» viviendas y venden las llaves a familias sin otra alternativa para que las okupen. Por estas transacciones se pagan cientos o miles de euros. Por tanto, sucede que cuando un fondo por fin ha conseguido echar al inquilino moroso puede recibir un okupa en cuestión de semanas.

Con este contexto tan complicado, muy pocos fondos *core* o conservadores quieren comprar porque «saben que están comprando problemas», explica un responsable de una gestora. En su lugar, los pocos que se atreven a comprar en esas zonas aplican estrategias muy extremas con las que generar muchos beneficios, pero también disparar los alquileres y alterar la convivencia del barrio. En manos de estos pequeños fondos o grandes tenedores particulares aparecen las empresas de desokupación que amedrentan a los inquilinos y que, siguiendo la evolución de los acontecimientos, están comenzando a proliferar en València, Madrid y Barcelona.

Los residentes, por su parte, son personas especialmente vulnerables que viven en el alambre. Los ingresos (en caso de tenerlos) no les alcanzan para pagar un alquiler a precio de mercado, con lo que tratan de resistir en esos pisos aunque no sean de su propiedad. Muchos de estos casos son, por si fuera poco, personas con discapacidad que reciben una pensión pública miserable o madres solteras que no han podido afrontar la subida de las rentas. En resumen, auténticos dramas sociales de capas de la población que están a punto de ser escupidas a la pobreza extrema. La respuesta institucional por parte de la Administración y de los servicios sociales es

---

17 Una tácita de reconducción es una nueva relación de arrendamiento cuando se acaba el contrato y el inquilino sigue en la vivienda. La renta y las partes son las mismas, y la duración suele ser de un año.

nula, no les ofrecen ninguna alternativa más allá de albergues para personas sin hogar que ya están llenos.

Aquí, de nuevo, surgen cuestiones que los directivos de los fondos plantean al entrevistador durante las conversaciones. «No nos podemos hacer cargo de que el Estado sólo tenga un 2 % de vivienda social. No somos una ONG ni los servicios sociales del ayuntamiento, es el Estado el que debe dar solución habitacional a esa gente», explican fuentes del sector. «Es una barbaridad y un drama que esa gente no tenga una vivienda digna, pero no somos nosotros los que tenemos que proporcionársela, se supone que para eso está el Estado».

Las fuentes del sector coinciden curiosamente en el diagnóstico. «El Estado y las comunidades se equivocaron al hacer caja con la vivienda protegida. Vender vivienda pública es vender infraestructura del Estado, como el que vende una carretera o un hospital. El Estado debería tener un parque público de vivienda fijo y que fuera rotando. En el momento en que la persona deja de tener ingresos bajos puede dejar paso, por ejemplo, a jóvenes que quieran su primer piso. Sin eso, luego no puedes proteger a las personas», aseguran.

En este sentido, reivindican la necesidad de reactivar la construcción de vivienda protegida en España pese a los escollos. «Los módulos de construcción y los precios están tan altos que mucha gente no podría comprar una casa ni a coste de construcción. Pero ¿quién dice que una VPO tenga que ser rentable? Se deberían hacer casas con precios subvencionados, se supone que la gente paga impuestos para estas cosas, no puede ser que no se esté construyendo nada», apuntan.

El Estado comprando a los fondos buitre

Fuensanta, Orriols, Carolines o La Torre son las peores carteras de este fondo de inversión. Recuperar esas viviendas ha sido tan difícil que prácticamente han renunciado a ello y han decidido vender los pisos con okupas dentro. Eso sí, a 30.000 y 40.000 euros. «Evidentemente compramos muy barato, pero tampoco podemos bajarlo más porque los regalaríamos», explica un directivo.

Aquí es donde entran las conversaciones que, durante años, llevan manteniendo la Generalitat Valenciana y los fondos buitre. «En un momento dado nosotros nos aproximamos y le dimos la posibilidad tanto a la Generalitat Valenciana como a la de Catalunya de que nos compren vivienda, pero con poco éxito porque nos pedían precios bastante más bajos. Hemos vendido a la Administración, les hemos hecho hasta carteras e incluso algún programa con alquileres subvencionados. Si Conselleria quisiera, podría adquirir muchos pisos en estos barrios por precios más que justos para dar alternativa a estas familias», explican los fondos.

Las reuniones existen y son recurrentes, pese a la insistencia de los fondos a mantenerlas ocultas, pero la Generalitat nunca quiso adquirir viviendas en estos barrios. Los fondos, habiendo explorado todas las opciones, siguen con su plan original, vender los barrios periféricos de las ciudades a precio de saldo.

Las *family office* y «acribillar los barrios»

Con la Administración fuera de la ecuación de compra, emergen los fondos más pequeños y las llamadas *family office*: empresas familiares que deciden invertir sus ganancias, en este caso, en vivienda. Son similares a los fondos *core* en el sentido de buscar rentabilidades moderadas e inquilinos de larga estancia, pero han encontrado un nicho en la vivienda y, según explica un responsable de una gestora, se están haciendo con una gran cantidad de vivienda a precios de remate, ganándose algunas incluso la categoría de fondo de inversión por su gran envergadura.

«Son inversores buenos, ya que tienen la capacidad de aguantar a sus inquilinos si las cosas vienen mal o incluso bajarles un poquito con tal de seguir cobrando y no tener muchos problemas, pero no deja de ser preocupante que familias con grandes empresas y fábricas se están haciendo con tantas viviendas», cuentan fuentes del sector.

Otra técnica que están siguiendo los fondos más pequeños, y que ya se ha visto en Madrid, Barcelona y Baleares es la de «acribillar un barrio». «Estamos viendo fondos que centran toda su estrategia en comprar en un distrito concreto, y aunque les ofrezcamos una oportunidad en otro barrio no la quieren, tan solo quieren invertir en una zona. Esto tiene una explicación bastante fácil, y es que si controlas el 30 % de las viviendas de un barrio, de repente el precio de los pisos lo marcas tú y puedes tener la rentabilidad que te dé la gana», explican desde una gestora que asesora a estos fondos.

El derecho a tanteo vulnerado

La abogada especialista en derecho a la vivienda María José Alamar, del despacho Aliter Abogados, trata con casos de fondos de inversión o de titulización a diario. «Imagina que la vivienda de uno de mis clientes es de Global Licata (Cerberus y Santander). Pues yo no he conseguido nunca hablar con la acusación, siempre acabo negociando con los abogados del Banco Santander, y son estos los que amenazan a mi cliente y no paran de llamarle para que deje el piso. Pero ellos no deberían tener ya ninguna potestad porque la vivienda no es suya, es del fondo. Aún así lo hacen porque los fondos buitre no tienen trabajadores en el territorio, al menos que conozcamos, con lo que emplean, o bien gestoras o bien a los propios bancos para ejecutar esa operación de compraventa, porque hay que recordar que un porcentaje de la sociedad todavía pertenece a los bancos españoles». Alamar, que lleva una década defendiendo a propietarios e inquilinos, define a estas empresas de la siguiente forma: «los bancos no tienen corazón, pero los fondos buitre no tienen alma».

¿Por qué sucede esto? Los fondos oportunistas compraron decenas de miles de préstamos hipotecarios en los que los deudores no estaban al corriente de los pagos a la banca. Por ejemplo, se han constatado multitud de casos en los que el promotor de un desahucio de un mismo piso en 2019 era Sabadell, pero en 2021 la propiedad era Promontoria Colliseum, una sociedad instrumental de Cerberus. Lo mismo sucede con Santander y Global Licata o Caixabank y Lone Star. El motivo es que Cerberus compró las hipotecas morosas del Banco Sabadell (muchas que venían de la extinta CAM).

Varios abogados expertos en derecho a la vivienda como Manuel Gabarre de Sus u Óscar Bolívar Amo afirman que ese traspaso de decenas de miles de viviendas entre bancos y fondos oportunistas pudo llevarse a cabo porque se vulneraron derechos de las personas deudoras; en concreto el derecho al retracto. El derecho de retracto consiste en que, si el banco titular de la deuda hipotecaria la vende a un fondo oportunista, el deudor debe ser informado y puede cancelar su deuda y quedarse con el piso por el precio al que se haya vendido. Los fondos buitre y los bancos utilizan subterfugios para evitar informar de esto al deudor, ya que la banca vendió las hipotecas a precios extremadamente bajos en paquetes que agrupaban decenas de miles de viviendas.[18]

«El hecho de que los bancos sigan figurando como demandantes en muchos procesos de desahucio tiene como objetivo evitar este derecho a retracto del deudor, recogido en el Código Civil», explica Gabarre. Estos «subterfugios legales» generan problemas a los fondos buitre que compraron el crédito, ya que durante el proceso de desahucio el juez puede entender que no tiene la legitimidad para hacer la demanda e informar del retracto al deudor. Por eso necesitan que los bancos aparezcan como promotores de los desahucios aunque el propietario sea el fondo.

---

18 Aún no se ha llevado este hecho a ningún juzgado, con lo que no se puede dilucidar que sea ilegal o una cláusula abusiva en los contratos de alquiler.

Amenazas, Diazepam y noches en vela

El 9 de mayo de 2023 un hombre de 54 años con cáncer se suicidó cuando iba a ser desahuciado en Paiporta. Ni su nombre ni su historia han trascendido. Tan solo se supo que se precipitó de un cuarto piso a las once de la mañana, con la comitiva judicial en la puerta. La vivienda era de Cerberus. El fondo nunca se pronunció sobre lo sucedido, haciendo gala de su política del silencio. Porque en silencio y en las sombras es como hostigan a los inquilinos que se resisten a ser desahuciados, poniendo, en muchos casos, su salud mental al límite. En otros, la quiebran.

A María Victoria ya no le hace nada el Diazepam de 5 mg. Vive con los nervios destrozados y tiene que salir a la calle con una psicóloga para evitar ataques. Todo empezó cuando la maquinaria de los fondos se activó para acosarla. «Me dijeron que tuviera cuidado, porque igual salía a comprar el pan y me cambiaban la cerradura», relata.

Vive con dos de sus hijos, uno de 17 y otra de cinco. La pequeña, parece que no, pero se entera muy bien de la situación. «Me dice "mamá, no quiero que me cambien de cole"», explica. El de 17 tiene ganas de enfrentarse a los que acosan a su madre y coger el teléfono, mientras intenta calmarla y sabe que puede quedarse sin casa. El que es pobre y con carencias crece deprisa, y enfrenta cosas que no le tocan. A los 14 comenzó a suspender todas las asignaturas al no querer salir de casa por si los desahuciaban. Por querer proteger a su madre.

Adrián tiene a sus tres hijos en tratamiento psicológico desde que un grupo de vigilantes privados amenazó de muerte a su padre y, por error, tiró abajo la puerta del piso de al lado una madrugada.

Las notas de los niños han caído en picado y en la casa ya nadie duerme, como tampoco duerme María Alejandra, que reconoce que se está «quedando mal» de sufrir ella y ver sufrir a sus hijos.

Esta es la pesadilla a la que fondos buitre como Promontoria Colliseum o Global Sapa someten a algunos de sus inquilinos para echarlos de sus viviendas. El acoso es telefónico, a diario o varias veces al día y con números distintos para que el inquilino no sea capaz de bloquearlos. Empiezan ofreciendo dinero, como a María Alejandra, a quien le querían dar 3.000 euros para que dejase la vivienda que una vez fue de sus padres. Si no aceptas, se pone en marcha la maquinaria.

Hace unos años María Victoria recibió la llamada de una mujer que afirmaba ser de una gestoría que representaba a Promontoria Coliseum. El fondo había iniciado una ronda de contactos entre sus inquilinos morosos para actualizar la información y preparar las demandas para el desalojo una vez el escudo social decayera. En esa llamada,[19] la gestora deja clara su intención de no renovar el alquiler: «Tarde o temprano te vas a quedar en la calle», mientras que María Victoria afirma que no tiene a dónde ir y que la única solución que le ha dado servicios sociales es «quedarse en el piso hasta que un juez le eche». Estas llamadas, cuenta, se repiten muy frecuentemente, y son el recordatorio de que sus vidas están en la cuerda floja, disparando su ya de por sí elevada ansiedad y minando aún más su salud mental. Al interés legítimo del fondo de recuperar su propiedad (como se ha explicado, los fondos no son ONG) se contrapone la vida de una mujer con dos niños menores de edad, mientras los servicios sociales, totalmente colapsados, no son capaces de ofrecer solución alguna.

María Alejandra, María Victoria y Adrián presentaron sendas denuncias por acoso inmobiliario en València. Hasta hace muy poco, estas conductas amenazantes de los fondos o propietarios no estaban penadas, pero en 2023, la Conselleria de Vivienda apro-

---

19 La llamada fue grabada por María Victoria como prueba para su caso de acoso inmobiliario.

bó la Ley de Regulación de la Actividad de los Grandes Tenedores de Vivienda y del Acoso Inmobiliario, que prevé multas de hasta 950.000 euros. De momento no ha habido sanciones.

Las prácticas van desde presiones, amenazas, llamadas constantes, impagos de la comunidad para que corten la luz de las zonas comunes, negativas a dar el número de cuenta para ingresar el alquiler y hasta denuncias de desahucio a inquilinos que están al corriente de pago. Normalmente estás prácticas se dan contra morosos, pero también las hay a familias con contrato en vigor sobre las que presionan para echarlas y conseguir vaciar la vivienda.

Los tres casos de los denunciantes son muy diferentes. María Alejandra perdió la casa de su padre por no poder pagar unas letras de 800 euros, igual que María Victoria con la casa de su pareja. Adrián, sin embargo, está dentro de la moratoria hipotecaria del Gobierno y tiene todo el derecho a permanecer en su vivienda mientras dure esta ley. Por tanto, Global Sapa intenta sacarlo de la vivienda por otros medios.

Una historia de fantasmas

Tras la explosión de la burbuja inmobiliaria algunos bancos se abrieron a hacer alquileres sociales a las familias cuya hipoteca habían ejecutado. El banco se quedaba con el inmueble pero mantenía a la familia dentro pagando un porcentaje de los ingresos que entraban en casa. Eso se mantuvo durante unos años, pero en mitad del proceso, esos pisos se vendieron en paquetes ingentes a fondos buitre. Ahora los nuevos caseros de los barrios obreros son enormes fantasmas sin trabajadores en nómina y cuentas en paraísos fiscales.

Mientras duraron esos alquileres sociales las familias pagaron, pero a la finalización del contrato, los fondos se negaron a negociar, ya que su modelo de negocio era vender esos pisos comprados a precio de derribo a otros fondos más pequeños o rentistas, generando con ello grandes rentabilidades. El problema es que los precios de la vivienda completamente disparados impedían a esas familias vulnerables alquilar o comprar, así que, con la única alternativa de quedarse en la calle, decidieron quedarse en esos pisos aun no teniendo contrato. Ante el aluvión de casos, los servicios sociales colapsaron, jugando un papel casi testimonial e incapaces de ofrecer soluciones.

Algunos pudieron acogerse a la moratoria hipotecaria, como Adrián, otras decidieron seguir ingresando el alquiler social en la misma cuenta como muestra de buena fe para intentar que el fondo accediera a hacer un alquiler, algo que no ha sucedido. Lo que ha pasado es que se han producido desahucios por «inquiokupación» de inmuebles por toda la Comunitat contra estas familias con niños que no tienen a donde ir.

La Administración tampoco ha sido capaz de dar alternativas baratas a esas familias, la lista de espera para acceder a una vivienda social es de 55.000 personas, cuando el parque público ronda las 13.500 casas (y todas están ya llenas). Así, las familias se ven empujadas a hacerse fuertes en esa vivienda aunque ya no sea de su propiedad.

Los lentos *tempos* judiciales y la legislación aprobada que protege a las familias vulnerables con niños juegan a favor de los inquilinos, que intentan en vano que los fondos (empresas de inversión que quieren vender para ganar dinero) les hagan un alquiler asequible. Pese a todo, en este tira y afloja, hay una parte mucho más fuerte que la otra: «No puedo pasar más de un día tranquila. Ya no duermo», lamenta María Victoria, que ha llegado a desarrollar agorafobia.

Reventar la cerradura de una mujer de 79 años

El marido de Consuelo, de 79 años, había fallecido hacía poco. Así que en diciembre de 2019 esta mujer dejó su casa de Cullera para pasar la Navidad y el duelo con su hijo Vicent, en Quart de Poblet. La COVID y la tristeza hicieron que pasara el confinamiento con su hijo, hasta abril de 2020. Cuando volvió a casa descubrió que le habían cambiado el bombín del piso y que estaba vacío. Habían tirado todo; sus enseres y recuerdos del hogar que había sido suyo durante cincuenta años. Primero pensaron que eran okupas. Después descubrieron que había sido un fondo buitre.

Global Pantelaria, filial del fondo buitre Cerberus en España, mandó a una persona a casa de Consuelo la semana de Nochebuena de 2019. Su trabajo era emitir un informe que verificara que no estaba allí. Con eso, un cerrajero abrió la puerta y una empresa vació la vivienda. Todo de forma extrajudicial, y sin avisar a la afectada.

Eso es lo que investiga el juzgado de instrucción número 6 de Sueca, que ha imputado a una apoderada de Haya Real Estate (gestora del fondo buitre) por estos hechos. Consuelo vive con su hijo desde hace dos años, y desde entonces toma pastillas para la depresión. Vicent también.

La afectada llegó un día a su casa y, sin previo aviso, se la encontró con la cerradura cambiada y completamente vacía. Se hizo sin la orden de un juez, y así lo reconoce el fondo buitre en uno de los *mails* que mandó a la familia, que ahora está destrozada. «No me queda nada. Las fotos, los vídeos de mi marido para escuchar su voz, la ropa, los muebles... Han tirado a la basura cincuenta años de mi vida y ahora solo me queda lo que recuerdo en mi memoria», explica Consuelo mientras llora.

Les costó comprender lo que había pasado porque su casa, que ya era propiedad del Santander, había sido adquirida por Cerberus y ellos no sabían nada. La realidad es que llevaban años arrastrando problemas económicos, y Consuelo dejó de pagar, pero todavía no la habían demandado y no se había iniciado el proceso de desahucio. «Me fui a casa de mi hijo con miedo, pero en el juzgado me dijeron que cualquier cosa que sucediera con la vivienda me la tenían que notificar con tiempo porque yo vivía ahí». Pero no la notificaron.

No la notificaron ni a ella ni a la jueza. Lo que hizo el fondo fue, simplemente, cambiar el pomo con un «procedimiento extrajudicial». Así reza en uno de los correos electrónicos que le mandaron posteriormente a Vicent, donde reconocían que se hicieron con la casa al margen de la ley.

En el siguiente correo ofrecían a Consuelo recuperar las llaves para enmendar su error. Pero había una condición, debían firmar un papel rechazando cualquier tipo de acciones legales contra ellos. La afectada lo rechazó porque «aquello ya no es mi casa, no había nada», y con la ayuda de la plataforma de afectados por la hipoteca (PAH), puso una denuncia. Ahora, mediante donaciones en *crowdfunding*, ha seguido adelante con el proceso judicial.

El caso pasó a manos de Adelina Cabrera, abogada experta en derecho a la vivienda de la cooperativa El Rogle, que lleva con él desde hace años. «Una ejecución hipotecaria tiene dos fases; la primera es la ejecución, que cambia la casa a nombre —en este caso del fondo buitre—. Y la segunda es la posesión de la vivienda, tener la casa físicamente y poder entrar. La segunda no cambia hasta que no lo dice el juez y pone fecha de desahucio», explica. ¿Cuál es el problema? «No se había dado fecha para tomar la posesión. Esa es la gravedad del asunto. Lo que hizo el fondo buitre es, de *motu propio* recuperar la casas por vías ilegales, antes de que un juez le dijera que podía hacerlo».

Quién dio la orden

El fondo buitre mandó a una persona a ver si allí vivía alguien. Fue tres días a lo largo de la semana de Nochebuena de 2019. Recogió el testimonio de dos vecinas y del administrador de la finca, y con ello concluyó que la casa estaba deshabitada más de seis meses. Se hicieron con la casa, la dejaron vacía y la colgaron en su página web mientras Consuelo pasaba el duelo y el confinamiento con su hijo. Ella no se enteró de nada.

El fondo reconoce en uno de sus mensajes a la familia que este procedimiento es bastante habitual, y que lo han realizado en más viviendas cuando tienen la sospecha de que puedan estar vacías. La gestora del fondo lo tacha de una manera de «acelerar el proceso judicial». Oficialmente el fondo no ha querido hacer declaraciones.

Ahora mismo el caso gira en torno a averiguar quién dio la orden de entrar en la casa. Pero los fondos buitre son como fantasmas, y rara vez asumen responsabilidades, o al menos consiguen evadirse. La única imputada en el caso es una abogada con poderes de Haya Real Estate, una gestora de paquetes de vivienda, que manejaba entonces la cartera de Cerberus.

«Cuando nosotros preguntamos, lo que nos dijeron es que eso lo decide un sistema informático y no nos saben contestar», explica Vicent, que intentó encontrar respuestas después de lo sucedido. En cada correo electrónico que mandaba le redirigían a otro departamento porque «ese no contaba con la información», el otro departamento llevaba a otro, y finalmente a un número telefónico de pago.

«Es un 901 de los que cobran por llamar, pero llamé. Y me dijeron que tenía que contactar con ellos vía correo electrónico». Vicent llegó a venir a València para presentarse en una de las poquísimas oficinas físicas de Haya Real Estate junto a más activistas de la PAH. Lo mismo: «solo atienden a los afectados vía *mail*». Después de varios años, no encuentra respuestas ni responsables.

La jueza también ha rechazado investigar a estas empresas para poder conocer sus departamentos, con lo que, tres años después, todavía es imposible saber quién dio la orden de entrar en la casa. «El caso está muy parado, la única persona que han encontrado es una abogada y ni siquiera es del fondo, no es una responsable. Lo que dice ella es que ese proceso fue "automático", que no lo hizo nadie. Sientes una impotencia terrible con estas cosas, ellos son muy grandes y nosotros dos personas muy pequeñas», lamenta Vicent.

«Después de tres años la casa sigue cerrada»

Global Pantelaria es una filial del fondo buitre Cerberus, que cuenta con 26.408 viviendas en España. Desembarcó en nuestro país el 5 de diciembre de 2018, al comprar este ingente paquete de casas al Banco Santander, por un importe de 1.106 millones de euros. La técnica de estos fondos es comprar enormes paquetes de deuda en forma de vivienda, conseguir cobrarla o vender las casas, y después devolver el dinero que habían pedido prestado, en este caso a Deutsche Bank y BNP Paribas, entre otros. El plazo para devolver el préstamo se acaba el 24 de marzo de 2024, según un estudio de Manuel Gabarre, investigador del Observatorio CODE contra delitos económicos.

Vicent y Consuelo son dos personas normales que se enfrentan a gigantes, y llevan dos años pegándose cabezazos contra un muro. «Al final la impotencia se adueña de ti. Estamos sin energía para protestar, y lo único que ocurre es que hemos dejado de confiar en la ley. La sensación es que estas empresas pueden hacer lo que quieran sin consecuencias», explica Vicent. Añade que, cuando perdieron la casa, ellos tan sólo reclamaron poder recuperar alguna de sus cosas, pero después supieron que lo habían tirado todo.

«Yo de mi padre ya no tengo ningún recuerdo. Lo único que me queda lo guardo en la memoria», cuenta el afectado. Dice que, aunque hayan pasado dos años siguen en *shock*, y añaden que, después de todo el calvario la vivienda sigue igual. Con la cerradura cambiada. Vacía.

Acoso inmobiliario de la Sareb

Gemma Andrés llega a la entrevista con una carpeta llena de papeles. Despliega un sinfín de justificantes que muestran cómo paga religiosamente, cada mes, el alquiler. El mismo «tocho» de papeleo tienen el resto de vecinos, que acreditan que no fallan en ninguna cuota. Pero eso no ha impedido que la gestora contratada por la Sareb, dueña del edificio en el que viven en Puçol, les esté haciendo la vida imposible desde hace más de un año.

Los vecinos reciben cartas reclamando cantidades impagadas que son falsas, citaciones en el juzgado, cambios a última hora en el número de cuenta (que además al pagar resulta estar invalidado) incluso les han colocado carteles en sus coches y trasteros amenazando con que van a desalojar todo en una semana. Algunos incluso han recibido demandas de desahucio por supuestos (falsos) impagos que les obligan a contratar un abogado para demostrar la realidad en el juzgado.

Ninguno de esos documentos ha llegado nunca a nada porque los alquileres siguen vigentes y al corriente de pago, pero los afectados lo tienen claro: «Nos están haciendo la vida imposible para que nos vayamos», denuncia Gemma Andrés. En parte lo están consiguiendo, porque más de cinco familias ya han abandonado las viviendas antes de que acabara su contrato.

La responsable de esta presión es Haya Real Estate, una de las mayores gestoras de vivienda del Estado y que se encarga, entre otros, de manejar grandes carteras de inmuebles comprados por fondos buitre como Cerberus. A dia de hoy Haya ya no gestiona los activos de la Sareb. Los vecinos han intentando ponerse en contacto con ellos en incontables ocasiones, pero no hay nadie al otro lado. «La mayoría de los números de contacto no existen, y cuando consigues hablar te van derivando entre departamentos hasta que te cansas y cuelgas», denuncia Celso Sierra, uno de los afectados. Al intentar contactar con Sareb, la misma situación. «Con Haya ni siquiera nos proporcionan un número de teléfono normal, es un 902 y las llamadas nos pueden costar 20 y 30 euros», denuncia Gemma.

El edificio era propiedad originalmente de Urbanas de Faitanar, una empresa que llegó a tener enormes problemas económicos, por lo que la Sareb acabó comprando el edificio en julio de 2020. «Durante varios meses pagábamos el alquiler directamente a Hacienda porque se lo tenían embargado», recuerda Begoña. Durante los primeros meses la Sareb se negó también a pagar la comunidad, hasta el punto que los vecinos estuvieron a punto del corte de suministros. Finalmente la mediación de Vivienda hizo que la Sareb volviera a hacerse cargo de los costes.

Pero en segundo plano y de parte de la gestora se está ejerciendo una presión continua a los inquilinos para que desistan y se vayan del edificio. «De momento quedamos 17 de los 31 originales, muchas familias se rindieron y se fueron. Eso ha provocado que se enteraran de que hay pisos vacíos y han entrado varios ocupas conflictivos», lamenta Gemma, que cuenta que tuvo que ser operada recientemente de una úlcera en el estómago por el estrés; «hasta ese punto he llegado», critica.

«Te mandan esas cartas que hacen que te preocupes, e incluso demandas. Te hacen ir al juzgado varias mañanas enteras, recoger notificaciones, molestarte en imprimir todos los recibos que correspondan y luego presentarlos. Nos están haciendo la vida imposible», denuncia Celso.

Las vecinas que todavía quedan aguantan por una razón sencilla; «estamos aquí porque no nos podemos ir. No podemos pagar casi el doble de alquiler de golpe. Mira en cualquier lado a ver si encuentras alquileres por menos de 500 euros por la zona», lamenta Gemma. Con el tiempo, los contratos fueron extinguiéndose y los vecinos tuvieron que irse.

El barrio del Carmen, de cartón piedra

El 18 de mayo de 2021, a las 18 horas, una mujer desconocida llamó a la puerta de cada una de las vecinas del número dos de la calle Sogueros, en pleno barrio del Carmen, en el centro histórico València. El objetivo era entregar una carta en mano que indicaba a todos los residentes que debían desalojar la vivienda en junio, ya que se iniciarían las obras proyectadas por el nuevo propietario. La carta amenazaba con dar parte al servicio de bomberos para que procedieran al desalojo si no se marchaban pronto.

La mujer resultó ser la mediadora de la nueva propietaria de la finca, un fondo que había adquirido el edificio en 2020, cuyo administrador único es otra empresa creada en noviembre de ese mismo año, gestionada por un despacho de abogados que ya ha intervenido en compras de edificios por fondos de inversión en el pasado, como el de la calle Turia del mismo barrio. Es toda la información que tienen las vecinas, aunque su nuevo dueño es «una nebulosa». Lo único que tenían claro es que el nuevo propietario les quería fuera, y les ofrecía hasta 18.000 euros a algunas para abandonar sus viviendas.

Eran nueve pisos con sus respectivos inquilinos, todos con contratos de renta antigua y décadas viviendo en el barrio. La propiedad había activado la maquinaria de presión para echarles, a pesar de que todos tenían contrato de alquiler en vigor. En mayo de 2021 consiguió que varios se fueran con indemnizaciones: dos vecinas de los pisos 8 y 6 aceptaron 30.000 euros cada una. En el resto de casos, esperaron al final del contrato para vaciar los pisos.

Cuatro años después tan solo queda allí Susa Plaza, que vive en el piso 7. Ella es diseñadora y costurera, igual que su abuela, que llegó a este edificio en los años veinte para trabajar como sastre y modista. En esa casa formó su hogar, pero también parte de su taller de confección. La madre de Susa nació allí. Susa nació allí. Y ahora, en el mismo sitio que su abuela, la mujer ejerce su oficio entre telas y alfileres. En la finca, no solo Susa ejercía un oficio, sino que también residían otros artesanos como Salvador Mateu, quien hacía sombreros, o un herrero especializado en cuchillos y navajas.

Históricamente, el barrio del Carmen, y esta escalera en particular, albergó a muchos artistas antes de la guerra civil española, pero también a la clase trabajadora de la ciudad. Sin embargo, Susa lamenta la transformación que el barrio está sufriendo, pasando de ser un lugar obrero y de oficios a un sitio «sin nada, que no habita nadie, pues está pensado sólo para turistas», convirtiéndose en un «barrio de cartón piedra». Es el barrio de moda de València, y eso el fondo de inversión lo sabe. Las obras ya están muy avanzadas en la finca, y los pisos se están vendiendo «vacíos, limpios de paredes y sin suelo» por hasta 600.000 euros. La intención es crear un «edificio para la *jet set*» con un club social exclusivo en el piso de abajo. Pero Susa aún tiene contrato en vigor para cuatro años más, y no se quiere ir de la casa de su vida. Según Lluís Mira, portavoz de Veïnat en Perill d'Extinció, aunque el barrio está dentro del Plan Especial de Protección (PEP), que protege el centro histórico de la proliferación de apartamentos turísticos «en la práctica, el 70 % de la oferta en Ciutat Vella (el distrito donde está el barrio del Carmen) ya son apartamentos ilegales».

Las ofertas de indemnización fueron solo una parte de la presión, ya que los inquilinos tuvieron que soportar meses de acoso inmobiliario. Salvador Mateu, el sombrerero, fue animado a dejar de pagar el alquiler y se le ofrecieron 3.000 euros para abandonar la vivienda. Su situación se volvió judicial cuando, a pesar de que su contrato había terminado en diciembre, continuó pagando el alquiler en los juzgados durante cuatro o cinco meses. La propiedad lo denunció, y tras recurrir a un letrado de oficio a última hora, Mateu perdió el juicio por haberse «saltado el contrato» aun pagando, teniendo que abonar 3.000 euros de su bolsillo en lugar de recibirlos. En una reunión con la mediadora, Mateu cuenta que se le negó «derecho a réplica» y se le advirtió que las reformas seguirían adelante, debiendo decidir si quería vivir «sin ventanas y sin puerta». Mateu fue finalmente desalojado a principios de 2023.

Desde 2023, Susa se quedó sola en la finca. El acoso y la presión escalaron. En abril de 2024, las obras comenzaron de forma abrupta y sin previo aviso, con golpes en los techos y trabajadores sin cascos ni seguridad. Susa bajó corriendo a preguntar, y aunque le mostraron un «permiso de obras», se negaron a colocarlo en el patio. Las obras implicaban tirar techos y molduras. Susa se vio obligada a llamar al Ayuntamiento y a la policía. Un lunes, al ver a los obreros trabajando sin licencia y acumulando escombros, la policía les impuso una multa al no tener permiso. La situación de riesgo fue evidente cuando la cornisa del balcón de la puerta 6 se cayó. Inicialmente, no se instalaron redes de protección, lo que obligó al Ayuntamiento a intervenir y requerir su colocación.

El fondo esperaba que el inicio de las obras hiciera recapacitar a Susa, pero no fue así. Así que el hostigamiento siguió. Susa relata cómo un grupo de trabajadores de una empresa de desokupación la seguían hasta su tienda de costura (a tiro de piedra de la finca) cuando salía a trabajar, sentándose en un bar cercano para coaccionarla. Después de que ella llamara a la policía por las obras ilegales, al día siguiente su pared exterior en la tienda apareció rascada, y la cerradura fue saboteada, obligándola a cambiarla. La intimidación llevó a Susa a dejar de denunciar a la policía por miedo. Las obras continuaron en el bajo hasta septiembre, dejando el patio con escombros e insalubre.

En 2024, y a pesar de sus advertencias a los obreros, le derribaron la pared de la cocina. Tras estos eventos, en febrero de 2025, Susa fue contactada por la secretaria del abogado del fondo, informándole de que los dueños habían cambiado a un grupo francés y que le ofrecían 35.000 euros por irse de allí. Dada la situación y el aumento drástico del alquiler en la zona (de 500 a 1.200 euros por un piso similar), Susa rechazó, pues tenía contrato hasta 2029.

El 20 de marzo de 2025, recibió un burofax amenazante. En este documento, el fondo le ofrecía 40.000 euros y la acusaba de no haber aceptado un contrato de retorno, lo cual Susa niega rotundamente. El burofax afirmaba contar con licencias favorables del Ayuntamiento para las obras, adjuntando un «informe» que, según su abogado, era solo una declaración responsable y no una licencia. Además, advertía que la fachada interior sería demolida, dejando su vivienda «a la intemperie», y señalaba riesgos como inestabilidad estructural, caída de escombros y cortes de suministros básicos. El documento culminaba con una grave amenaza: «si permanece en el edificio será su riesgo y ventura. Por nuestra parte vamos a dar traslado al Cuerpo de Bomberos por si a la visita a la vista de la licencia y del informe de riesgo, son ellos los que deciden el desalojo del edificio». Asesorada por su abogado, Susa respondió que no se marcharía de su casa y que era obligación de la propiedad garantizar su seguridad.

En marzo de 2025, se instalaron andamios y los obreros volvieron de nuevo a trabajar, tirando incluso tabiques de carga. Susa volvió a contactar con el Ayuntamiento para denunciar las obras sin licencia. El 8 de abril, un «jefe de desokupas» y exboxeador, se presentó en su tienda para presionarla, amenazándola con que los bomberos llegarían el 30 de abril y que se quedaría sin nada si no firmaba. Ante esta fuerte intimidación, Susa, en un momento de desesperación y miedo, firmó. Sin embargo, el 10 de abril le presentaron un contrato con cifras que no eran las acordadas y sin identificar al dueño del fondo adecuadamente. Fue presionada de nuevo por los matones para firmar inmediatamente, sin que su abogado pudiera revisarlo. El letrado confirmó posteriormente que el contrato era inválido debido a errores de redacción y la falta de información del firmante y la entidad.

Finalmente, el 17 de abril de 2025, gracias a la intervención de un periodista, el Ayuntamiento confirmó que las obras no tenían licencia y que se estaban derribando muros de carga, por lo que las paralizaron totalmente. Sin embargo, el contenedor de escombros y los andamios se quedaron durante meses, generando quejas de los vecinos por la suciedad y el peligro. El 7 de julio, Susa recibió otra carta pegada en su puerta, reiterando las amenazas de desalojo por los bomberos y la reanudación de las obras. El fondo no daba tregua.

El 14 de julio, un obrero se ofreció a ayudarla a subir la compra, entró en su casa y pidió ver su baño y las vigas, algo que Susa sospecha que fue para verificar si había cámaras, ya que siempre se había negado a la entrada de representantes de la propiedad. El 21 de julio, al regresar a su casa tras un fin de semana fuera, Susa se encontró con una escena de película de terror: sus pertenencias (incluyendo ropa, joyas, objetos de su taller, incluso trozos del váter y la pila de la cocina) habían sido arrojadas por el hueco de la escalera, su salón estaba vacío y la puerta de su casa había desaparecido. Alguien había entrado a su casa, se la había destrozado y había tirado todas sus pertenencias por el hueco de la escalera. La Policía, al llegar, aseguró que no se trataba de un robo, sino que podría ser una táctica para hacer la vivienda inhabitable y forzar su desalojo.

Ante la inacción inicial de la Policía y el intento de una empresa de desokupación de llevarse sus cosas, Susa recibió una ola de apoyo de amigos y voluntarios de plataformas de vivienda. Los bomberos, que visitaron la casa, confirmaron que era habitable, aunque las constantes demoliciones de los obreros podrían hacerla inhabitable. La luz de su casa y de la escalera fue saboteada, con plomos robados y el interruptor general manipulado. Los matones de la empresa de desokupación hacían guardia en el rellano.

La lucha de Susa continúa, marcada por la impotencia ante la ilegalidad del fondo. Ha denunciado amenazas de quemar su tienda y ha experimentado cómo la Policía era engañada con la mentira de que la finca estaba «okupada». Los propios agentes, tras verificar su contrato, se enfurecieron con la propiedad porque les habían llamado sin motivo, sólo para meter miedo a la inquilina. Susa describe la situación como «impotencia total» y ha instalado cámaras de seguridad por el miedo constante. La realidad es que se siente atrapada en una legalidad que no protege a los ciudadanos frente a los fondos que actúan impunemente.

Prohibido filtrar subidas de alquiler a los medios de comunicación

«Ambas partes se comprometen a no divulgar, por ningún medio, ni enviar comunicación alguna a terceros, en especial a medios de comunicación [...] del presente acuerdo.»[20] Así reza la oferta de contrato que una de las filiales del fondo buitre Cerberus ofrece a uno de sus inquilinos con una subida de alquiler abusiva. Además de los medios de comunicación, también prohíbe, bajo amenaza de demanda, que se hable del contenido del contrato —en este caso una subida de más del 400 % del alquiler— a vecinos o familiares. El fondo buitre pide mantener el acuerdo «en la más estricta confidencialidad» y amenaza con «reclamar judicialmente la correspondiente indemnización por los daños y perjuicios que hubiese ocasionado el incumplimiento» de esta obligación.

Abogados y activistas confirman que este tipo de amenazas son bastante recurrentes contra las familias afectadas, sobre todo para atemorizarlas y tratar de romper relaciones con otros iguales. Nacho

---

20 Se ha tenido acceso al contrato gracias a una de las víctimas de los fondos que prefiere mantenerse anónima.

Collado, abogado especialista en derecho a la vivienda de la cooperativa El Rogle comenta que ha visto casos similares y que, en su opinión, el objetivo del fondo buitre es «meter el miedo en el cuerpo a los vecinos, pero sobre todo evitar que se creen redes de apoyo mutuo entre otros afectados que puedan reivindicar». También «les viene bien que no hablen entre ellos y que no se sepa las ofertas que les están haciendo a cada vecino, que quizá son distintas».

María José Alamar es abogada especialista en fondos de inversión, y asegura que es común que sus clientes sufran este tipo de presiones y amenazas por parte de fondos buitre. «A mis clientes les llaman constantemente, les mandan cartas, incluso se les presentan hombres trajeados a las nueve de la noche en la puerta de sus casas», explica Alamar.

Otro de los grandes problemas que cuentan abogados y activistas es que «el fondo no tiene ninguna sede física como puede tener un banco. No hay una oficina con gente atendiendo ahí. Todo va por internet, con un correo o número de contacto, y de hecho casi nunca responden a los afectados. Eso lo hace muchísimo más complicado a la hora de protestar en la puerta o reivindicar», explica Collado. Varios abogados cuentan que han visto en más ocasiones una cláusula de este tipo, que prohíbe filtrar el contenido a la prensa.

Desahucios de fecha abierta

Sole, Ishmael y sus cuatro hijos de 14, 11, 9 y 7 años viven con el terror en el cuerpo. Ahora, dentro de dos horas, de dos días o de dos minutos, la policía y el cerrajero pueden irrumpir en su casa, reventarles la puerta, y dejarlos en la calle. Sin avisar. Llevan días sin dormir.

Es lo que le pasó a Carmen, una anciana de 87 años enferma que vivía sola en València, y que no debía ni una cuota de su alquiler. La presión de la PAH en la puerta paralizó su desahucio y la comisión judicial lo dio por suspendido... Pero sin firmar ningún papel. Dos días después la policía y el cerrajero le reventaron la puerta a Carmen y le cambiaron el bombín aprovechando que no estaba en casa.

Este proceso se llama «desahucio en abierto» y genera dudas sobre su legalidad entre activistas por la vivienda y abogados. La PAH denuncia que «no están contemplados dentro de la Ley de Enjuiciamiento Civil», pero la realidad es todavía compleja y se trata, más bien, de una interpretación jurídica. Collado explica que «la ley dice claramente que el juzgado tiene que dar la fecha y hora exacta del desahucio». Pero aquí entra la interpretación de las partes. Barcelona es una de las grandes ciudades de España donde habían empezado a verse este tipo de lanzamientos. «Allí lo que te notifican es "en estos cinco días vamos a venir a desahuciarte" y se interpreta, de alguna manera, que están dando fecha y hora. Para evitar voluntades externas que impidan la ejecución de la voluntad judicial, se hace la fecha más larga», cuenta Collado.

En València el proceso es distinto. «La comisión judicial te dice "yo he ido en fecha y hora, pero hay algo que me lo ha impedido así que no cierro el acta"», lo que, según interpreta la parte, le habilita para venir en el futuro, según explica el abogado. «Esto es cuestión de interpretaciones jurídicas. La nuestra es que estas prácticas chocan frontalmente con el derecho a la intimidad de la persona, y que es necesario, como dice la ley, saber la fecha y hora exacta de la actuación, porque de otra manera el choque para la intimidad de la persona es brutal», opina Collado. La interpretación de la otra parte es la siguiente: «tenemos que garantizar el cumplimiento de la voluntad judicial».

Este tipo de desahucios son, según la PAH, una nueva forma de presión de los fondos de inversión para desalojar sus casas, especialmente en los casos donde es más complicado porque saben que se van a encontrar con protestas de las plataformas. «Para la PAH o los sindicatos es complicadísimo parar ese desahucio porque puede ser a cualquier hora. Si se notifica con antelación podemos ser muchos ese día, pero si no sabemos cuándo van a venir no podemos paralizar nuestras vidas a la espera», explican desde el Sindicat d'Habitatge de València.

El tiempo pasa y la presión de los fondos se incrementa, bien porque deben vender para devolver el préstamo o porque ya se ha vendido el piso y ahora está en manos de un inversor más agresivo. Sea como sea, las familias viven un auténtico infierno con tácticas cada vez más violentas para intentar echarlas de un piso del que no pueden irse porque la alternativa es la calle. La Cátedra Observatorio de la Vivienda de la Universitat Politécnica de València advirtió en un informe de 2024 de que era posible que grandes ciudades volvieran a tener problemas de chabolismo si las autoridades no empezaban a trabajar en soluciones. En sus informes de 2025 ya está augurando un «conflicto social» si la Administración no pone medidas que atajen el problema.

Hijas del desahucio

Claudia era una niña cuando abrió la puerta a aquellos hombres del fondo buitre. «Mi madre no estaba, y me dijeron que tenía que coger un papel y firmar como que lo había recibido. Y luego me dijeron que nos teníamos que ir de casa». Tenía 15 años. Hoy, con 19, sigue temblando y no es capaz de acabar de contar la historia.

No le tocaba, pero dejó el instituto para trabajar sin contrato en una peluquería en la plaza Manila de Alicante, empujada por la desesperación. Tiró para delante con todo lo que pudo, pero los precios de la vivienda subían más rápido que lo que ella y su madre podían trabajar. Bajó los brazos y cayó en una tristeza profunda, en un exilio interior, donde no se sentía segura en su propia casa. Estaba muerta de miedo, y conoció entonces la depresión.

El piso era de Cerberus, pero lo compró una vecina del barrio por 48.000 euros, adelantándose a la oferta que iba a presentar su madre y la presión se incrementó. No tardaron en llegar las empresas de desokupación. Siendo menor, Claudia les contestaba separada únicamente por los 3,5 cm de madera de la puerta. «Me ponía a temblar de arriba a abajo, veía a mi madre con los lorazepam y llorando, y al otro lado había tíos como paredes, que daban mucho miedo. Eso no se olvida», recuerda. Claudia estaba subiendo los primeros peldaños de una vida que tenía por delante, hasta que un fondo de inversión le pegó una patada a la escalera.

Les echaron de casa por la fuerza, y tuvieron que okupar un piso propiedad de una mujer extranjera. Ella afirma que fue por error porque buscaban uno de un banco, pero un día, y estando Claudia embarazada, tuvieron un encontronazo y la mujer le mordió un brazo y la mandó al hospital.

Pablo tenía 20 años cuando le desahuciaron. Una empresa había comprado los tres bloques de edificios en los que vivía en València para hacer apartamentos turísticos. Son viviendas de protección oficial cuya licencia está a punto de caducar, objetivo perfecto para los buitres inmobiliarios. Las paredes que contemplaron toda la infancia y adolescencia de Pablo, su comedor, la habitación de sus padres, su cuarto. El hogar deja de serlo para convertirse en una mercancía más que puede comprar alguien con más dinero, o turistas. «Me desperté un día, fui a hacer un examen y al volver estaba en otra casa», explica. Sus padres, por suerte, tenían otro piso en Burjassot al que se mudaron. Y aunque Pablo agradece su suerte, también reconoce que el desahucio es un experiencia que le ha marcado de por vida. «Todo el proceso de desahucio fue muy violento, y no en el sentido físico. No hace falta que venga un matón de desokupa a pegarte para que te hagan muchísimo daño», explica.

Pablo y Claudia convirtieron su dolor en ganas de luchar, y ahora ambos están en movimientos por el derecho a la vivienda; Pablo en la PAH de València y Claudia en el Sindicato de Vivienda de Carolines, en Alicante. Ella acaba de tener un niño y en el momento de la entrevista está en el hospital, aterrorizada porque no quiere que su hijo entre al piso en el que están ahora. Dice que va a salir adelante «como sea», que lo hará por su hijo, y que ojalá ninguna niña más tenga que pasar por lo que ha pasado ella.

«Por lo menos la mitad de casos de desahucio que nos llegan tienen niños pequeños a cargo». Miguel Roselló es psicólogo en Psicólogos Sin Fronteras, una entidad que ayuda a las plataformas de vivienda con los problemas de salud mental de los afectados. Explica que los niños sufren los procesos de desahucio tanto o más que los adultos, con episodios y ataques de ansiedad en muchos casos y depresión en algunos. Sin embargo, los menores no son como los adultos, y se expresan distinto. «Una conducta que vemos que se suele repetir bastante es recrear lo que ellos han sufrido mediante juegos. Hacen como que la policía entra y les echan de casa con juguetes, familiares o con sus amigos, de forma muy repetitiva y constante», cuenta.

Las pesadillas son otro rasgo común en los jóvenes que han tenido que vivir un desahucio, sumadas al insomnio, ataques de ansiedad e incluso trastornos de la conducta alimentaria o depresión en adolescentes. En niños, otra característica es la regresión en su desarrollo. «Vemos cómo niños de 10 o 12 años que ya tienen los esfínteres controlados se vuelven a mear en la cama», cuenta Roselló.

En el plano educativo, el desastre está asegurado. «Los niños no piensan tanto en el desahucio en sí sino en que los van a separar de sus amigos, en que no podrá jugar más en su casa o realizar las actividades que hace regularmente, y eso los desestabiliza muchísimo. Incluso muchas veces se echan la culpa a ellos de lo que está pasando a la familia. Evidentemente es imposible que se concentren en esas condiciones», lamenta Roselló.

Claudia tiene 19 y ya es madre soltera. Con su bebé en brazos sólo puede pensar en que no tiene un refugio para él, un lugar donde el niño y ella estén seguros. Tiene tanto miedo de volver al piso que habita que Elena, una compañera del Sindicato de Carolines, guarda todas sus cosas en su habitación, para tener al menos algunas pertenencias cuando la echen. Sabe que no es vida, ni para ella ni mucho menos para su hijo. También sabe que «si no hubiera tenido el desahucio no estaría llorando para sacarme la ESO».

El desahucio va a ir siempre de la mano de Claudia, la acompañará porque la ha marcado de por vida. Mientras da de comer a su hijo en el hospital cuenta cómo muchísimos pisos de su barrio están vacíos y cerrados. «Los compran extranjeros y los dejan cerrados, no entiendo por qué, con la necesidad que hay». Claudia pide más empatía en la gente, y dice que la mayoría de la población está más cerca de ser okupa, como ella, que de tener una vivienda. Ella, de ascendencia árabe, no sabe explicar lo que se siente estando en esa situación, pero sí que usa un dicho de su familia: «No sientes la piedra que te ha quemado hasta que la tocas». Claudia, con 19, ha vivido muchas vidas, a cada cual más dura, y ahora se va a volcar en cuerpo y alma para que su hijo recién nacido viva la mejor.

Una lucha de las mujeres

A Narcisa se la pueden cruzar haciendo la compra, llevando a sus nenes al cole o en el parque vigilando que Ángel, su hijo, no haga una trastada en el tobogán. Es una mujer fuerte y trabajadora, del barrio periférico de La Torre, en València, y también fue durante años el ángel que defendió a sus vecinas del fondo buitre Cerberus. Cada mes, junto a otros representantes de la Plataforma de Afectados por la Hipoteca (pah), se sentaba a negociar con el fondo.

Por eso, cuando se la cruzan en el súper, en el cole, o en el parque, las vecinas se acercan para contarle de su situación. Su móvil circula por los bloques como la lideresa de la resistencia de esta barriada humilde frente a uno de los mayores fondos de inversión del mundo: Cerberus. Mejor dicho, su filial en España; Promontoria Coliseum. En València los casos se concentran en la Fuensanta y La Torre (barrios empobrecidos), pero las familias que llegan al teléfono de Narcisa aparecen desde todos los rincones de la Comunitat. Ha llegado a tener doscientos casos entre manos. Mientras los niños juegan en el parque, las vecinas de La Torre cuentan las tácticas de presión. «A mí me llaman todas las semanas diciendo que me vaya», cuenta una mientras el resto asiente con la cabeza y varias enseñan el número de teléfono. Muchas de ellas siguen con el alquiler vigente, a otras se les terminó pero siguen pagando cada mes como muestra de buena fe, ya que los precios elevadísimos hacen imposible encontrar nada.

Un hombre vestido de calle va tocando a ciertas puertas en unas bonitas fincas blancas que desde hace décadas ya no son vivienda social a pesar de que se construyeron para eso. «El que me ha mandado te ofrece mil euros para que te vayas de la casa», relata una vecina. El que le mandaba, en su caso, es Gramina Homes, otro fondo. En ocasiones, estas personas se muestran tan amenazantes que varias vecinas cuentan que han cerrado la puerta y han roto a llorar. Pero las vecinas no quieren mil euros, ni dos mil. «A mí me da igual ese dinero, yo lo que quiero es un techo donde vivan y se críen mis hijos. El futuro de las criaturas es lo importante. Que tengan su futuro, sus estudios, que estén empadronados en el barrio y el día de mañana se sitúen, que no tengan que estar de casa en casa porque si no no habrá manera de que se centren», dice una vecina. Los fondos incluso utilizan mentiras para hacer sentir mal a las familias. «La última vez me dijeron que el piso ya lo había comprado una familia, con un nene como el mío, y que necesitaban la casa para el chiquillo. Y yo no quiero molestar a nadie», cuenta una vecina. Se fue con Narcisa y pidió una nota simple en el registro para comprobar que, efectivamente, la casa seguía siendo del fondo buitre. Esta técnica, asegura Narcisa Gómez, es bastante empleada por este tipo de empresas. Una de las afectadas explica que vive «con el miedo en el cuerpo». «Mi marido ha trabajado 29 años y estamos ahora en esta situación. Y resulta que vas a servicios sociales y te dicen que no eres vulnerable, que te busques un alquiler ¿Cómo? ¡Si están por las nubes! No podemos hacer nada. En este piso de dos habitaciones pagábamos 550 euros», lamenta.

En La Torre y en la Fuensanta las mujeres —porque el 99 % de las luchadoras por la vivienda son ellas— saben organizarse. Tanto que hay casos de victorias frente al fondo. Algunas victorias son pequeñas, aunque depende de cómo se mire. «Normalmente insistimos tanto que el fondo firma con la familia una tácita de reconducción». «Bueno, es un año, esa familia se ha quedado en su casa», dice Narcisa. Mientras, señala a algunos niños del barrio con el rabillo del ojo. «Este chiquillo lleva unos años de casa en casa, no puede centrarse». Su hijo Ángel, cuando ella no tenía estabilidad en su vivienda y tuvo que okupar «se desvelaba por las noches, no dormía, y cuando lo llevé al pediatra me dijo que ellos manifiestan así que están preocupados». Ángel ahora tiene nueve años, y esa situación fue hace mucho tiempo, así que los niños se enteran de lo que está ocurriendo. «Dejó de rendir en la escuela. No es broma, ¿cómo vas a gestionar todo eso? Psicológicamente se pasa muy mal», dice Narcisa.

Narcisa es única, y a la vez un enorme ejemplo de lo que significa ser madre en un desahucio. Tiene tres niños pequeños y su marido cobra una pensión por invalidez. Toda la vida ha tirado para delante limpiando casas y escaleras, pero hace ocho años la desahuciaron del piso en el que vivía. «La dueña lo quería para su hija y nos tuvimos que ir», explica. Los precios de la vivienda ya habían subido pero encontraron una vivienda asequible: «Nos dieron las llaves y dijeron que cada mes pasarían a cobrar», pero quien vino al mes siguiente fue la policía. Habían ocupado ilegalmente una vivienda. Curiosamente los agentes, que solo iban a recoger sus datos, le aconsejaron que se acercara a alguna plataforma de vivienda donde le pudieran ayudar. Y allí conoció a la PAH.

La angustia se apoderó de Narcisa, y avanzaba más a cada desahucio que paraban en la puerta, con los activistas de la PAH apostados entre la policía y ella en su portal. Se acostumbró a vivir, literalmente, con las maletas en la puerta por si cualquier día los echaban de ese piso. Su hijo mayor desarrolló insomnio durante ese tiempo y sus notas en el colegio cayeron en picado. Volvió a necesitar dormir con su madre para poder pegar ojo por las noches. Algo que la propia Narcisa rara vez hacía. Al desahucio se le juntó su rol como madre y proveedora de la familia. «En esa época me salió un bulto en el pecho y mi hijo se partió el fémur y necesitó varias operaciones. Fue una época muy muy dura», recuerda bajando la mirada desde un banco de su barrio. «Pasas de ser una persona sana a estar todas las noches en vela y padecer dolores de cabeza, tomar pastillas para la ansiedad y para dormir. Psicológicamente te destroza porque un piso es lo más grande, es literalmente un techo para dormir. Al final a algunas mujeres nos toca tirar para delante con la casa entera, y en familias tan vulnerables como la mía, con tres hijos y un marido con discapacidad».

Las bolsas y las maletas seguían hechas en la entrada del piso. Hasta que llegó un día en que decidió dejar de quitarse años de vida en aquella casa y «mudarse» (si se puede llamar así) al comedor de sus padres. «Éramos cinco en el comedor, y cada mañana recogíamos y guardábamos la cama hinchable», recuerda. Al final, a base de tesón y de luchar con la PAH consiguió que el Ayuntamiento le adjudicara una vivienda en alquiler asequible. Narcisa, con tres hijos y un marido con discapacidad a la espalda, pasó de ser okupa a tener una vivienda digna. Ahora ha decidido ayudar a las que, como ella, cargan con la casa y la familia a cuestas. Durante años se reunió de manera quincenal con una responsable del fondo buitre Cerberus para pelear los casos de sus vecinas y evitar que no hubiera más familias que tuvieran que pasar su viacrucis. Ahora Narcisa ha dado relevo a otra gente aunque sigue vinculada a la PAH, y cuenta con orgullo que además de trabajar y ser activista por la vivienda ha decidido estudiar y sacarse por fin el graduado escolar.

El exilio interior

Narcisa, Vicky, Trini, María Alejandra, Claudia, Elena, Inmaculada, Dolores son nombres de mujeres afectadas por procesos de desahucio y que ahora visten la camiseta verde de la PAH. Son el rostro, hoy por hoy, de la lucha por una vivienda digna en territorio valenciano y también en toda España. Una lucha que tiene rostro de mujer.

La socióloga Rosana Peiró investigó sobre este tema con entrevistas y trabajo de campo. «Las mujeres son las que se suelen empoderar mucho más y liderar el movimiento», explica, mientras los hombres «se sienten unos completos fracasados y se quedan en casa deprimidos, por lo general». Esto, según Peiró, tiene mucho que ver con los roles de género aceptados socialmente; «al final el hombre siente que ha fallado en su tarea de ser el que trae el pan a casa, el proveedor. Perder la casa se siente como una vergüenza y una culpa gigantescas, y se quedan noqueados en el sofá», asegura.

Sin embargo —sostiene Peiró— las mujeres han crecido por lo general en contextos más difíciles y tienen mayor tolerancia a este tipo de frustraciones. Se suele dar el caso de que, en estos momentos críticos, son ellas las que cogen las riendas de la casa para no dejar caer a la familia. Ellas están más acostumbradas a bregar por el simple hecho de haber nacido mujer. Sin embargo, esto no significa que no sufran. El primer condicionante, según destacan en Psicólogos Sin Fronteras, es que las mujeres están mucho más abiertas que los hombres a pedir ayuda profesional, precisamente para ser capaces de luchar. «Hemos visto muchos casos de mujeres que han querido incluso quitarse la vida y aún así no han dejado de luchar por su familia», reivindica Peiró.

Lo primero que encuentran las mujeres al llegar a la PAH es un gran abrazo colectivo, una asamblea que las escucha y gente que ha pasado por lo mismo que ellas. «Les explicamos que no están solas, y que lo que les ha pasado no es su culpa, sino de un sistema que impone reglas leoninas a las familias y muy laxas a los bancos y fondos. Eso las tranquiliza y les da más fuerzas para luchar», explica una activista de la PAH. Así, la escuela de la PAH actúa como red de apoyo para mujeres en una situación muy vulnerable y como una «potente escuela de ciudadanía», apunta Peiró, que enseña a las mujeres a comunicarse y a empoderarse para pelear por una necesidad básica como es la vivienda. «Las mujeres que entran en la PAH cambian radicalmente».

Un desahucio, para una madre o unos hijos, es un exilio interior. Cuando el hogar deja de ser un refugio el único lugar donde uno se siente seguro es dentro de su piel. Por eso las afectadas viven un doloroso luto. Un desahucio tiene consecuencias devastadoras para la salud mental. «Antes de que les comuniquen el desahucio ya tienen estrés mantenido en el tiempo, con la carta de desalojo llegan el insomnio, los ataques de ansiedad, los pensamientos negativos recurrentes, la inseguridad y sobre todo una culpa y una vergüenza tremendas», explica Miguel Roselló, de Psicólogos Sin Fronteras.

Una persona en proceso de desahucio es una persona asediada por tierra, mar y aire, y normalmente abrumada por el peso de los acontecimientos. El trabajo de Roselló es, junto a la PAH, conseguir que conserve sus funciones normales para luchar por su casa. «Las víctimas, sobre todo mujeres, sufren de un embotellamiento emocional donde las emociones positivas son muy pocas y no se sienten, pero las negativas son muchísimas y se amplifican, lo cual produce mucho dolor», cuenta. Además, todos estos síntomas pueden dar lugar a trastornos mentales muy serios, como trastornos de la conducta alimentaria o depresión. «La persona está tan devastada que lo único en lo que piensa es en la agonía del desahucio, y deja de lado otras funciones básicas como alimentarse, socializar o salir a la calle. Si no cuentan con la PAH, pueden quedarse en ese estado en lugar de luchar para evitar el desahucio de ellos y sus familias.»

Lo más parecido al desahucio es un duelo. «Surge de repente, por sorpresa, la persona no está preparada para ello y siente una impotencia tremenda de no poder hacer nada. Además, los hogares siempre tienen ese componente emocional. Es todo un duelo que cuesta superar», explica Roselló.

A lo largo de la vida existen situaciones que pueden ser consideradas traumáticas y, por tanto, nos marcan para el resto de nuestras vidas. El desahucio es una de ellas, por definición. Desahucio: «Quitar a alguien toda esperanza de conseguir lo que desea». El Instituto de la Mujer realizó un estudio reciente que aborda precisamente la realidad de las mujeres en los desahucios. Según este informe el 23 % de las encuestadas no tenían papeles, aún cuando el 80 % de ellas llevaban más de tres años en España (tiempo mínimo para poder pedir un permiso de residencia por arraigo social). La edad media era de 46 años, el 37 % eran monoparentales y una de cada cuatro tenían hijos. Sólo el 34 % estaba trabajando, o mejor dicho, una de cada tres familias fue desahuciada pese a que estaba trabajando, y el 14 % cuidaba de un familiar y no podía trabajar. Tres de cada cuatro mujeres desahuciadas tenían ingresos por debajo de mil euros. Una de cada tres mujeres trabajaba sin contrato, sobre todo en la hostelería y el comercio, donde es muy difícil salir de esa situación de precariedad. Dos de cada tres desahucios eran por impagos del alquiler.

Al conocer un desahucio los sentimientos que afloran son miedo, angustia, *shock*, incredulidad y se mantienen durante todo el proceso. Lo único que crece cada día es la tristeza, que se va extendiendo como una mancha de aceite. Los problemas de salud también son superhabituales en estos casos. Una de cada dos mujeres ha necesitado fármacos para sobrellevar el proceso, antidepresivos y tranquilizantes son muy comunes, igual que el uso excesivo de café. Tres de cada cuatro mujeres han tenido algún problema de salud (física o mental) en el transcurso de un desahucio.

Hay cosas positivas, como por ejemplo, que participar de entidades sociales mejora su autoestima y las empodera. Sin embargo, ganan las negativas: afecta a las relaciones sociales y también a sus hijos o pareja. Aumenta el nivel de enfrentamientos y la agresividad con sus familiares, tendencia al aislamiento y a la separación con la pareja.

El 65 % de las mujeres encuentran redes de apoyo en entidades religiosas, servicios sociales, vecindario, ONG, y el 35 % se enfrentan a ello solas. Las más vulnerables son mujeres migrantes, que tienen muchísima inestabilidad jurídica e inseguridad laboral que les impide acceder a una vivienda en condiciones dignas. Son, en su gran mayoría, desahucios silenciosos. A esto hay que añadir todo tipo de abusos inmobiliarios, especialmente en habitaciones compartidas, donde cada vez más mujeres migrantes viven con sus hijos.

Desahucio también significa ansiedad, depresión, estrés, no dormir bien, percepción del fracaso, frustración social, miedo, impotencia, injusticia, tristeza, soledad o desamparo. El uso de psicofármacos es mucho más habitual en mujeres que en hombres. El duelo del desahucio es la culpa, la vergüenza, la preocupación, la incertidumbre, la desmotivación, desilusión, apatía, cambios en el cuidado personal, impotencia, pérdida de memoria, autocompasión, cambios de humor, irritabilidad, irascibilidad, y por último, ideas suicidas.

El 6 de abril de 2022, Bienvenida Torres, de 87 años, se levantó por la mañana con dos furgones policiales y diez antidisturbios acordonando su calle. En ambas salidas los activistas del Sindicato de Vivienda del Cabanyal protestaban, mientras la comisión judicial subía para tirar su puerta abajo. En mitad de esta situación, Bienvenida comenzó a tirar cosas por la ventana: primero ropa y después objetos, mientras chillaba de dolor. En ese momento Dolores, voluntaria de Psicólogos Sin Fronteras, se encaró con uno de los policías explicándole que tenía que acceder a aquel piso urgentemente. Finalmente el jefe del dispositivo policial accedió y Dolores pudo entrar en aquella casa. Bienvenida paró de tirar objetos y, tras unas horas de tensión, el juez decidió paralizar el desahucio un mes más. Meses después Dolores explicaría qué fue lo que vio aquella mañana que le hizo encararse a un policía. «Era cuestión de minutos que, después de tirar cosas por la ventana, se tirara ella. Era un intento de suicidio». Aquel día la psicóloga evitó que Bienvenida acabara con su vida.

Políticos, millonarios y aristócratas: las cabezas de Cerberus y Blackstone

El 25 de abril de 2023, la diputada de Vox Cristina Esteban Calonje subió al estrado del Congreso para defender la «Ley antiokupas»[21] de la formación de extrema derecha. Durante su discurso cargó duramente contra este fenómeno que «destroza vidas y degrada nuestros barrios» y también criticó a los «inquilinos morosos profesionales». Esteban se convirtió durante unos años en el «terror de los okupas» y la portavoz de Vox en temas de vivienda, cargando duramente contra la limitación de los alquileres y otras políticas del Gobierno. En su intervención en el Congreso defendió a los «propietarios, señorías, que no son fondos buitre, ni grandes tenedores, sino parte de la España que madruga».

Esteban Calonje llegó al Congreso en 2019 como número dos de las listas de Vox por València. Trabajaba para BBVA en Madrid y, según consta en el Registro Mercantil, su nombre aparece vinculado a varias sociedades, como Haya Real Estate SA y Divarian Propiedad SA, esta última la marca que aglutinaba el negocio inmobiliario del BBVA y el fondo estadounidense Cerberus, uno de los «fondos buitres» con más viviendas en España. Así, Calonje no parecía representar a los pequeños propietarios de la España que madruga en aquella intervención.

José María Aznar Botella, hijo del expresidente José María Aznar, es uno de los directivos del fondo en España, junto con Juan Hoyos, uno de los mejores amigos del expresidente, según figura en su biografía. En València, Divarian Propiedad SA ha impulsado incontables desahucios de familias en bloques de barrios como el

---

21 *Diario de Sesiones del Congreso de los Diputados.* Año 2021 XIV Legislatura, Núm. 389. Sesión núm. 15.

Cabanyal. Cristina Esteban pertenece a una familia aristócrata, con tradición militar y está casada con un bróker inmobiliario y nieto de Antonio Vallejo-Nágera, un psiquiatra que durante la dictadura franquista fue conocido como el «Mengele español» tras intentar identificar «el gen rojo». El padre de Cristina Esteban es José Miguel Esteban Rodríguez Sedano (Madrid, 1928), quien fue comandante de aviación del ejército español y su hermano, Alejandro Esteban Calonje, fue capitán del Ejército del Aire. El abuelo de su madre era conde, aunque Esteban rara vez comenta esto en entrevistas[22] pues, dice, apenas ha influido en su trayectoria.

Calonje es sólo un ejemplo de la miríada de apellidos distinguidos que nutren el frondoso árbol del *lobby* inmobiliario, donde miembros de destacadas sagas aristócratas o políticas se entrecruzan en un negocio boyante en el que los contactos en las altas esferas marcan la diferencia. Varias investigaciones periodísticas de *Infolibre,*[23] *La Marea*, o el trabajo de abogados como Manuel Gabarre dibujan un funcionamiento endogámico y elitista con decenas de personas del 1% más rico de España que, o bien trabajan para los fondos, o han montado sus propios proyectos.

Grandes fondos de inversión estadounidenses dedicados sobre todo al ladrillo recurren a hijos de políticos (como José María Aznar), banqueros (como Botín) o figuras de la élite económica del franquismo (como Claudio Boada) para aterrizar sus negocios en España y granjearse una buena posición. Cerberus es un buen ejemplo de este funcionamiento. El fondo estadounidense tiene vínculos muy estrechos con el partido republicano de EE. UU. Su director de inversiones globales, Dan Quayle, fue vicepresidente con Bush padre; su codirector John W. Snow fue secretario del tesoro entre 2003 y 2006, y el CEO de la compañía, Stephen Feinberg, fue «asesor económico» en la campaña que llevó a Donald Trump a la presidencia en 2016.

---

22 «Cristina Esteban Calonje, el terror de los okupas en Vox» (*Libertad Digital*, 2-10-2021).

23 El periodista Ángel Munárriz, de *Infolibre*, ha realizado un riguroso y extenso trabajo de investigación sobre las vinculaciones entre fondos de inversión y la élite política, empresarial y aristocrática española.

Según explica Manuel Gabarre, cuando Cerberus vio una oportunidad en España contactó con la persona más cercana al Partido Republicano en el país: José María Aznar. Tiempo después el fondo contrató a su mejor amigo —según sus memorias— Juan Hoyos y a su hijo (y de Ana Botella) José María Aznar Botella como consejero. De esta manera «Cerberus consiguió los mejores contratos para la gestión de viviendas que habían sido rescatadas con dinero público, tanto de Bankia como la Sareb», cuenta Gabarre. El caso más conocido fue la venta de 3.000 viviendas sociales del Ayuntamiento de Madrid a fondos buitre. Oleguer Pujol, uno de los hijos de Jordi Pujol, el hijo de Aznar y Luis Iglesias, yerno de Eduardo Zaplana,[24] formaron parte presuntamente del entramado que llevó a cabo la compra de esas viviendas en 2013, inaugurando así un ciclo de especulación inmobiliaria en España.

Los herederos de grandes entidades financieras, como un hijo y un nieto de Emilio Botín, fallecido presidente del Santander, o una hija de Francisco González, expresidente del bbva, también han hecho carrera en el negocio de los fondos, bien como fichajes o bien creando sus propias empresas tras haber pasado por compañías internacionales. Desde estas compañías nacionales venden sus servicios presumiendo de su inmejorable *networking*. Un ejemplo que recoge una investigación de *Infolibre* es Stoneshield, la compañía inversora de Felipe Morenés, hijo de Ana Botín. El caso permite observar todo el camino; antes de crear su empresa, Morenés trabajó en Lone Star, otro de los grandes «fondos buitre» estadounidenses.

Otro ejemplo que muestra la importancia vital de los contactos. En esta misma investigación se muestra como Blackrock, la mayor gestora de activos del mundo y peso pesado en el Ibex 35, alimenta sus filas en España con perfiles de la escuela de forma-

---

24 El juzgado número 48 de Madrid investigó la causa por la venta de miles de viviendas públicas de la Comunidad de Madrid al fondo buitre Cerberus, donde varias empresas personas estaban relacionadas entre sí. La operación, de hecho, fue duramente cuestionada en un informe de la Cámara de Cuentas de la Comunidad de Madrid.

ción de ejecutivos del Opus Dei,[25] que guarda un lugar destacado en la cantera de la élite española. Un centro educativo que hace gala de una comunidad de «ayuda mutua» entre exalumnos. En resumen, contactos.

Megafondos y expolíticos como dique para frenar las regulaciones de vivienda

Los fondos también usan estos fichajes de renombre para hacer un trabajo de *lobby* y conseguir que se aprueben (o no) las leyes que les interesan. En este entramado hay varios nombres que probablemente no le suenen al público en general. El primero es Asval.

Asval es la Asociación de Propietarios de Vivienda en Alquiler. Aunque no lo parezca, porque en su web se centran en hablar de pequeños y medianos propietarios, Asval es la entidad que pone a trabajar en una misma causa a Blackstone y Cerberus junto a 6.000 pequeños caseros para influir sobre las reglas del juego de la vivienda. La asociación fue registrada en el Ministerio del Interior en enero de 2021 y aunque no figura formalmente, la pertenencia a la asociación en el caso de Blackstone está acreditada por su ficha como empresa lobista en el registro de transparencia de la UE, donde se presenta como «miembro» de Asval.

La asociación ha tenido distintos presidentes con un común denominador: los contactos políticos y financieros. El primero de ellos fue Joan Clos, alcalde de Barcelona (1997-2006), ministro de Industria, Comercio y Turismo (2006-2008) y miembro del consejo asesor del president de la Generalitat Catalana Salvador Illa. El propósito de Clos durante los dos años de presidencia fue frenar la Ley de Vivienda, contra la que cargó por tierra, mar y aire para, al menos, tratar de frenar los planteamientos más transformadores, como las peticiones de la PAH de bajar los alquileres e hipotecas. En septiembre de 2022, una activista interrumpió una

---

25 La histórica escuela de ejecutivos del Opus también forma a la nueva élite liderada por Blackrock (*Infolibre*, 18-7-2023).

de sus intervenciones a voz en grito «¡Usted está financiado para usar sus contactos del PSOE y bloquear una ley de vivienda efectiva en España!».

Clos dejó de ser presidente a finales de 2023, y quienes controlan Asval pusieron el ojo en otro fichaje de renombre, la ex secretaria de Estado de Transportes, Movilidad y Agenda Urbana Isabel Pardo de Vera. Todo estaba cerrado, pero *El Confidencial* adelantó la noticia de su nombramiento y precipitó el revuelo sobre un posible conflicto de intereses. De hecho, la propia Oficina de Conflictos de Intereses del Ministerio de Hacienda deslizó un «informe verbal negativo» que acabó de sellar su paso atrás.

Tan solo dos meses más tarde Asval eligió a la presidenta que ostenta el cargo actualmente: Helena Beunza, la número dos del ministerio responsable de las políticas de vivienda la pasada legislatura. Como Clos y como Pardo de Vera, era esencial que la candidata tuviera una nutrida agenda de teléfonos. Beunza fue secretaria general de Vivienda en el Ministerio de Fomento (2018-2020), directora general de la Entitat Valenciana d'Habitatge i Sòl (EVHA, el organismo que gestiona 13.000 viviendas públicas) y directora territorial de la Conselleria de Vivienda, Infraestructuras y Vertebración del Territorio de la Comunitat Valenciana (2015). Beunza fue la principal representante institucional cuando se produjeron los primeros movimientos para la limitación de los precios del alquiler. Su trabajo ahora está al otro lado de la mesa.

Pero la malla del *lobby* inmobiliario no acaba ahí. La vicepresidencia de Asval la ostenta actualmente Eduard Mendiluce, uno de los hombres de Blackstone en España. Mendiluce es el *virrey* de este imperio en la península, además de consejero delegado de Anticipa y Aliseda, dos de las filiales inmobiliarias que gestionan las viviendas del mayor casero de España. Mendiluce no es político, pero sí un gran financiero que siempre ha sabido caer de pie. Destaca por haber sobrevivido al naufragio de Caixa Catalunya, que llegó a ser la quinta caja de ahorros más grande del Estado. Mendiluce recibió el encargo de reordenar el patrimonio inmobiliario de esta caja después del estallido de la burbuja para organizar su privatización (ya que estaba intervenida por el FROB). Cuando la entidad vendió los 61.000 préstamos hipotecados a Blackstone, Mendiluce pasó a ser consejero delegado del fondo estadounidense.

Asval siempre ha negado estar dominada por gigantes empresariales y aseguró que «el 95 % de sus 6.000 socios tiene uno o dos pisos». Es decir, son «pequeños propietarios dedicados al alquiler» que se acercan a Asval agobiados por la «inseguridad jurídica». De Asval forman parte varias promotoras inmobiliarias y también cuenta con el apoyo de Idealista y Fotocasa.

El otro gran grupo de presión inmobiliario en España es la Asociación de Consultoras Inmobiliarias (ACI), que ha atacado con fuerza cualquier regulación en la vivienda. Nace en 2013 y presume de reunir más del 90 % de la facturación en la consultoría inmobiliaria en España con enormes nombres del sector entre sus miembros. Como Asval, no solo tienen un importante papel en el sector, también influyen en la opinión pública mediante la publicación de informes periódicos. ACI, al igual que Asval, ha colocado a un expolítico de presidente. Ricardo Martí-Fluxá fue secretario de Estado de Seguridad de 1996 a 2000, en la etapa de Jaime Mayor Oreja (PP) en Interior. Antes (1992-1996) fue jefe de Protocolo de la Casa Real. Además de ACI, preside también Tedae, la Asociación Española de Empresas Tecnológicas de Defensa, Seguridad, Aeronáutica y Espacio, un *lobby* armamentístico.

Apellidos destacados en los consejos

Pero volvamos a las empresas de asesoramiento o al arte de hacer dinero con tu agenda de teléfonos. Un caso digno de mencionar es Península Capital, una compañía de asesoramiento y gestión de inversiones dirigida por Borja Prado, presidente de Mediaset y expresidente de Endesa, que tiene en su equipo a Javier Prado, hijo del propio Borja Prado; Carlos Cortina, hijo del expresidente de Repsol Alfonso Cortina y de Myriam Lapique —hermana de la *celebrity* y aristócrata Cari Lapique—; y Jean Sarkozy, hijo del expresidente francés Nicolas Sarkozy.

Fortunas con pedigrí que se agrandan en el negocio de las «finanzas alternativas» donde los ricos de cuna utilizan a políticos de gran trayectoria. Otro caso es el de la aristócrata y empresaria Alicia Koplowitz con el exministro José María Michavila y el exconsejero económico madrileño Javier Fernández-Lasquetty, todos ellos juntos en la SICAV Morinvest, propiedad de la primera y una de las más importantes de España. También se mezcla el poder financiero y político en la firma de inversión del expresidente del PP Pablo Casado y Ricardo Gómez-Acebo Botín, sobrino de Ana Botín.

Una de las excepciones a estos casos de nepotismo, según apuntan varias fuentes del sector, es la de Roberto Centeno, yerno de Juan Roig y presidente del fondo Atitlan, que destaca por ser una persona muy formada en inversiones y muy reconocida por los expertos del sector.

Otro caso representativo en esta frondosa maraña de nombres es Enrique Dancausa, hermano de la expresidenta de la Asamblea de Madrid Concepción Dancausa, que ha pasado de ser *senior advisor* de Cerberus a CEO de su gestora Divarian y ahora CEO de Haya Real Estate, la gestora de activos del fondo buitre ahora propiedad del fondo sueco Intrum. Por último, es digno de mención el otro hombre fuerte de Blackstone en España: Claudio Boada Pallerés.

En mitad de la pandemia de la COVID-19, mientras la economía se hundía en todo el mundo, Blackstone levantaba el mayor fondo de inversión inmobiliaria de Europa. El fondo buitre estadounidense lograba captar 9.800 millones de euros para invertir, especialmente en España, donde ha llegado a ser el mayor propietario de vivienda. Aunque la gran apuesta llegó hace poco, el desembarco de Blackstone en el país empieza antes, en 2012, año en el que fichó a Claudio Boada Pallerés como «senior advisor en España y Portugal». Su misión era encontrar oportunidades de negocio en estos países, y las encontró. Boada es la cara visible detrás de la puesta de largo del fondo en 2013, cuando compró 1.800 viviendas públicas al

Ayuntamiento de Madrid, inaugurando así una nueva etapa de especulación. Actual presidente de Anticipa Real Estate, inmobiliaria de la compañía es, junto con Mendiluce, el máximo representante del fondo en el Estado español.

Boada fue durante casi quince años responsable del negocio de Lehman Brothers en España y Portugal. Actualmente también es presidente del consejo de administración de la aseguradora Aegon. Pero todo este poder no surge de la nada. Boada es hijo de uno de los empresarios más importantes del franquismo y la Transición: Claudio Boada Villalonga. El catalán ganó tan buena fama como empresario que fue llamado por Franco para presidir un ministerio, pero rechazó la oferta. Sin embargo, en 1970 accedió a la presidencia del Instituto Nacional de Industria e incluso fue condecorado en 1968 con la Gran Cruz del Orden del Mérito Civil. Dirigió Altos Hornos de Vizcaya, la Ford en España o el Instituto Nacional de Hidrocarburos, además de ser socio fundador del Círculo de Empresarios (que más tarde presidiría su hijo). Esta condición le permitió granjearse amistades en las más altas esferas del poder en España.

El negocio de estos fondos no va de construir, fabricar, ni crear, sino de apostar. No son especialistas en ningún sector, sino en su método: comprar, reflotar, vender y cosechar ganancias. A vista de los apellidos descollantes en el negocio, lo que activa los engranajes de esta rueda de oportunidades para especular es la pertenencia al grupo de quienes tienen mayor capital y/o poder. Y eso se asegura de dos formas; por la trayectoria política o por el apellido. A veces, se entrecruzan entre sí.

Una investigación publicada en 2022 en la revista de la Universidad de Oxford, *Socio-Economic Review*,[26] sobre más de cuarenta años de medidas políticas en España desvela que las administraciones tienden a aprobar medidas que se adaptan como un guante a los intereses de los privilegiados, precisamente por ser estos los que mejor acceso tienen a los espacios donde se toman las

---

26 «Las políticas preferidas por la clase alta tienen en España hasta tres veces más opciones de aprobarse» (*Infolibre*, 22-6-2022).

decisiones políticas. Por eso, es difícil separar esta preferencia a la hora de legislar de la desigualdad creciente en España, donde la «clase media» lleva tres décadas adelgazando y el ascensor social cada vez funciona peor. Un ejemplo: el 1% más rico acapara más renta que el 50 % más pobre. Pues bien, ese 1 % ya ha cogido el sitio perfecto para agrandar la brecha y no ceder ni un palmo de terreno.

Los nuevos amos de España

Los grandes fondos de inversión no solo dominan buena parte del negocio inmobiliario, desde 2019 también se han lanzado a la compra masiva de fincas agrarias. Hoy, cerca de 900 fondos de capital riesgo controlan más de 100.000 millones de euros en tierras de cultivo en la Península, según datos de la Coordinadora de Organizaciones de Agricultores y Ganaderos (COAG).[27]

Se trata, según esta plataforma, de un proceso de «uberización» del campo en «auge» desde años acelerado con el «aterrizaje de fondos de inversión especulativos». Entre las razones de este desembarco, la COAG señala a la «concentración de la producción y la creación de oligopolios». Este trasvase de tierras hacia los grandes fondos de inversión mundiales está llevando a mayores cotas de concentración agraria. Según datos del propio Ministerio de Agricultura, el 6,6% de las sociedades jurídicas acaparan ya el 42% del valor de la producción que se genera en el campo español.

La superficie agraria y rural lleva ya varios años en el punto de mira de inversores de todo tipo, y 2024 no ha sido la excepción. Según el «Informe Cocampo sobre la inversión en suelo rústico en 2024», hasta octubre de 2024 se adquirieron 129.965 fincas rústicas en todo el país, con Castilla y León (20.838 operaciones), Andalucía (18.833), la Comunitat Valenciana (16.984) y Castilla-La Mancha (15.688) a la cabeza. El campo español ha captado la atención de inversores institucionales, empresas extranjeras y grandes capitales, que consideran la agricultura como una opción atractiva por su potencial de rentabilidad a largo plazo.

---

27 «Balance Agrario: Un 6 % de grandes empresas absorben la subida de la renta agraria en 2024» (COAG).

José Luis Miguel, director técnico de COAG, explica que el campo se ha convertido en un foco de muchos vehículos financieros fundamentalmente «por ser un sector seguro en la diversificación de las carteras de inversión». Los fondos de inversión que entran al campo suelen cumplir una serie de condicionantes, según Miguel. El principal es que entran en negocios muy bien estructurados. «No compran cualquier tierra, normalmente compran fincas con agua, que pueden ponerse a funcionar inmediatamente». Esto, de hecho, genera otro problema, y es que el control del agua que riega toda la zona también recae en este fondo de inversión especulativa. El sector de las frutas y hortalizas es, de momento, el preferido de estas empresas.

La tendencia, según explica Miguel, es a la concentración del campo en otras manos. Un proceso, por otro lado, que reconoce que se está dando en muchos otros sectores. «Al final es una tendencia que se está produciendo y ahora se está acelerando mucho en el campo. Todo son economías a escala que solo buscan maximizar beneficios como sea. Yo recuerdo cuando era pequeño que había muchas tiendas de ropa donde elegir en cada barrio, igual que ultramarinos, y hoy ya no hay nada de eso. El sector de la alimentación y de la moda está ultraconcentrado. Nos preocupa mucho que pase eso en el campo, porque ya lo estamos viendo», reivindica.

Valores refugio

Según Cocampo, debido al aumento de la demanda global de alimentos y la búsqueda de activos «refugio» ante la inflación y la inestabilidad económica global, las carteras de inversión se han diversificado hacia el sector agrícola. La tierra, como explica Raquel Rolnik, ya no es un medio de producción, sino una reserva de valor ligada a la ascensión de una clase rentista que es improductiva, pero cada vez más poderosa.

Con la adquisición de estas superficies, los inversores buscan, además, obtener terrenos con un alto potencial de rendimiento y estabilidad. Así, sus principales enfoques se centran en proyectos fotovoltaicos y de energías renovables o grandes extensiones de cultivos leñosos, como pistacho, almendra, aguacate, cítricos, olivar y viñedo, ya que la diversidad geográfica y las condiciones climáticas de España hacen que algunas regiones sean especialmente propicias para el desarrollo de estas producciones.

Inversores de capital privado (como futbolistas o empresarios), empresas del sector energético (como Naturgy) y agroindustriales (como Borges) han sido los principales protagonistas en las transacciones de terrenos rurales durante 2024. Según el informe de Cocampo, estos actores han jugado un papel clave en la dinámica del mercado agrícola y destaca su creciente participación en la compraventa de fincas.

Dentro de los actores privados que apostaron por el potencial del campo español, destaca el acuerdo entre el grupo inversor valenciano Atitlan, de Roberto Centeno y Artiza Rodero, y el Banco Santander. Ambos firmaron una alianza para invertir 500 millones de euros en proyectos agrícolas en España y Portugal, a través de la plataforma Atgro, una sociedad de capital riesgo enfocada en frutos secos y «superfrutas». También centrado en todo el territorio de la península ibérica, Bankinter Investment y Nuveen Natural Capital crearon el fondo Landa Fund, con el objetivo es desarrollar una cartera diversificada que incluya terrenos agrícolas, cultivos y operadores en España y Portugal, con un horizonte de inversión de diez años.

El conglomerado agrícola Agrupa Group, apoyado por el fondo de inversión Solum Partners, compró Fuencampo, referente en la producción de cebolla dulce. También, el fondo Natural Capital Fund llegó a un acuerdo con Borges para la adquisición de sus activos agrícolas por un valor estimado de entre 70 y 80 millones. La operación incluyó 1.900 hectáreas de almendras, nueces y pistachos en Granada, Badajoz y Portugal. El grupo valenciano de capital alemán y sede en Puçol, Sanlucar, adquirió 600 hectáreas en Cariñena (Zaragoza). Las empresas del sector energético también han cobrado relevancia en el ámbito agrario. Buscan adquirir o arrendar grandes terrenos para proyectos de energía solar, eólica o biogás, lo que ha incrementado la demanda de suelo rústico para estos fines.

Sin embargo, la irrupción de estas empresas del sector energético en el ámbito agrícola no es bien recibida por muchos agricultores, quienes observan con preocupación cómo tierras productivas se destinan a proyectos energéticos, reduciendo el suelo útil para plantar.

Las previsiones para 2025 apuntan a que la tendencia aumentará, según Cocampo, por varios factores. El envejecimiento de los agricultores españoles, con el 41,3% con más de 65 años, supone un relevo generacional inevitable y es una gran oportunidad para los inversores. Al jubilarse o fallecer, muchas propiedades pasan a herederos que prefieren venderlas. Cocampo advierte en su informe que el mercado se dividirá principalmente en grandes explotaciones agrícolas, ganaderas y forestales enfocadas en maximizar la producción, y fincas familiares más pequeñas destinadas al disfrute personal y la producción sostenible.

«A estos fondos les da igual el campo y el producto, sólo quieren rentabilidades por encima de todo, y la calidad les da igual, como su imagen social, ya que se van a ir dentro de 5 o 7 años", explica Miguel. Ellos, continúa «no tienen ningún tipo de relación ni ligazón con el territorio, no les importa si hacen daño, porque no tienen compromiso con la sociedad ni el país. Ellos solo quieren dinero», sentencia.

Los fondos buitre en la sanidad

Los fondos buitre tienen una cosa en común: descubrieron que las privatizaciones son un negocio muy lucrativo. Por eso se lanzaron a invertir (e intervenir) sectores clave para la población. Uno de ellos es la sanidad, en concreto los hospitales.

La historia viene de una ola privatizadora con epicentro en Madrid y la Comunitat Valenciana, pero para entenderlo primero hay que explicar algunos conceptos. El primero es de hospital «Modelo PFI» o «Private Finance Investment». En este modelo, una empresa privada —normalmente una constructora— se encarga de construir un hospital, y a cambio la Administración le paga un canon por usarlo durante treinta años ampliable por cinco más. Al acabar ese canon, la deuda se considera saldada. Pero el canon no es lo único que se lleva la empresa, también tiene el derecho de gestionar los servicios no sanitarios del hospital: como la restauración, administración, mantenimiento Con lo que también hace un negocio muy lucrativo. Así, la empresa recibe dinero durante 35 años, y además gestiona buena parte del hospital.

Este modelo, cuya madre política es Esperanza Aguirre (PP) se creó para ayudar a sobrevivir a la crisis de 2008 a ciertas empresas constructoras que estaban sufriendo los efectos de la hecatombe inmobiliaria. Por tanto, otra característica de este modelo es el amiguismo y los contactos.

¿Qué es lo que ha ocurrido con este modelo? Que las empresas adjudicatarias han decidido vender su parte de gestión a fondos de inversión americanos. Así, los fondos buitre controlan el 100 % de cinco de los siete hospitales de gestión mixta que hay en la Comunidad de Madrid, según explica Vicente Losada, activista de la Plataforma contra los Fondos Buitre y de la Auditoría Ciudadana de la Deuda en Sanidad. También figuran en la propiedad de dos más.

El Hospital del Tajo fue adjudicado inicialmente a la unitón temporal de empresas (UTE) Hispánica-Essentium-Assignia y ahora mismo está controlado por el fondo de inversión Quaero Capital, con sede en Luxemburgo. El Hospital del Sureste fue adjudicado a FCC-OHL-Bankia y ahora está en propiedad de LBEIP (Países Bajos). Esa sociedad holandesa también controla el Hospital de Henares y el Hospital Infanta Cristina. El Hospital Puerta de Hierro, adjudicado a Dragados, ahora está controlado por Brookfield (Canadá). El Hospital Infanta Sofía, adjudicado a Acciona, ahora es de Meridian (Francia) y Bestinver (España). Por último, el Hospital Infanta Leonor está controlado por DIF Capital Partner (Países Bajos). «Estas constructoras crearon empresas *ad hoc* para gestionar la parte no sanitaria del hospital, y ahora han vendido las acciones a la empresa gestora de los fondos buitre, que son los dueños de facto de la gestión hospitalaria».

Los fondos, como ya sabemos, buscan una gran rentabilidad en un corto periodo de tiempo, y eso tiene varias implicaciones. La primera es un descenso dramático de la calidad del servicio, pues se trata de ahorrar costes al máximo para hacerlo lo más rentable posible antes de irse. La segunda es que, como se van cada cinco años, ya se han dado traspasos de la gestión de hospitales entre fondos buitre. Una investigación de *La Marea* señala el caso del Hospital Puerta de Hierro, en el que el fondo DIF Capital Partners se hizo con el accionariado, mientras que ahora lo gestiona Brookfield. «En 2035 estos hospitales habrán cambiado tanto de manos que ya no sabremos ni de quién es la propiedad», reivindica Losada.

El segundo concepto que hay que entender es el modelo PPP (Public Partner Privateship). Importado de las políticas de Margaret Thatcher, su padrino en la Comunitat Valenciana fue Eduardo Zaplana y, en concreto, el actual conseller de Sanidad Marciano Gómez (también del PP). Este modelo es distinto al PFI, porque aquí el 100% de la empresa es privada. En la Comunitat Valenciana ha habido, durante décadas, cinco hospitales públicos de control privado, hasta que en 2018 el Gobierno de Ximo Puig decidió revertirlos para que volvieran a manos públicas. Hoy el único que queda es el Hospital Universitario del Vinalopó, en Elx. Nos sirve para usarlo como ejemplo.

En el modelo PFI la empresa construye el hospital y luego va cobrando un canon durante treinta años. En el PPP el hospital es privado y se paga una «remuneración per cápita». «La comarca del Vinalopó, donde está el hospital, tiene 150.000 habitantes. Pues la Administración paga cada año, pongamos, 500 euros por habitante. Así se financia la empresa que controla todo el hospital», cuenta Losada. Sin embargo el modelo PPP no solo implica hospitales, sino la cobertura sanitaria de una zona en específica, lo cual puede suponer construir un ambulatorio en una zona donde hace falta, de lo cual se encarga la empresa. Por otro lado, ese hospital sólo atiende a las 150.000 personas de su área de influencia, si eres de fuera de ese área el Consell deberá pagar la atención médica que le está costeando. Ribera Salud es la empresa insignia si hablamos de privatización de la sanidad en la Comunitat Valenciana.

En Madrid hay ahora mismo cuatro hospitales PPP, el de Valdemoro, Torrejón, Rey Juan Carlos-Móstoles y Villalba. El nuevo hospital de Toledo también es modelo PFI y fondos buitre como DIF ya figuran entre su accionariado. El Hospital Álvaro Cunqueiro de Vigo también es modelo de PFI.

Esta es solo una pequeña muestra de la intrincada maraña que los fondos han montado en la sanidad pública para poder ganar grandes rentabilidades en poco tiempo, que es su objetivo. Porque su negocio no es el de construir, sino el de apostar, cada vez más fuerte.

Los fondos de inversión en las residencias

De la mano de la Sanidad, los fondos han puesto también el foco en las residencias de ancianos. De hecho, ya lideran el mercado de residencias privadas, según apunta la investigación «Final Feliz: cómo se ha financiado el cuidado de las personas mayores en Europa, a quién beneficia la tendencia y qué contraestrategias implementar», de Transform Europa, la fundación de la coalición europea The Left.

La marca Domus Vi, dependiente del fondo icg, es ya la mayor proveedora de camas, con 18.428 y unos beneficios de 749,2 millones de euros. Vitalia Home, por su parte, pertenece al fondo de inversión cvc Capital y es la quinta empresa con más camas en residencias, casi 7.200 plazas y unas ganancias de 183 millones. De las 5.187 residencias que existen en España solo el 25% son públicas y tan solo el 11% están gestionadas por la Administración.

Los fondos de inversión que amasan la mayoría de plazas de las residencias tienen nombre. Domus Vi es el primero (18.000 camas), debajo de él encontramos Orpea Ibérica con casi 8.000 camas, Clece con casi 5.000, Ballesol con 7.300, Amavir 6.341 y Colisée con 5.632. Según este estudio, el proceso de concentración va a más, y esto tiene consecuencias. La primera son los compradores, ya que en estas transacciones suelen llevarse a cabo por fondos de inversión conocidos como *private equity*, que tienen un modelo muy particulad de funcionar: compran negocios de muy diferentes tipos con el objetivo de reflotarlos y luego poder venderlos, llevándose una gran ganancia por el camino. Este plazo suele durar entre cinco o siete años y el objetivo es lograr la mayor rentabilidad: «A ellos no les importa la calidad del servicio en las residencias», dice Losada.

A todo esto se añade, explica el investigador, que suelen dividir el negocio en dos partes: una empresa es dueña del edificio y otra de la residencia, que tiene que comenzar a pagar un alquiler a la otra parte. «Muchas veces venden el edificio y ya sacan unos beneficios adelantados por eso. Y la residencia es la que paga las tasas. Extraen todo lo que pueden hacia el fondo», alerta.

Por otro lado, desde 2007 hasta 2023 el precio de una cama en una residencia de mayores aumentó un 28%. En la investigación se habla de un negocio «agresivo», que tiende a centralizar el mercado en torno a estos fondos, monopolizando el sector, estrategia que les permite aumentar los precios. Estos fondos, que se introducen en España adquiriendo empresas españolas, ingresan su capital en el sector pero la propiedad final a menudo se encuentra fuera de España, tal y como avisan en la investigación. Y ponen un ejemplo: la empresa francesa Domus Vi es propietaria de Geriavi SAU, anteriormente propiedad de Socios PAI entre 2014 y 2017. Posteriormente vendió el 55,5% de la propiedad a ICG Capital, propietario último de Domus Vi situado en Jersey, un paraíso fiscal. En otro caso, CVC Capital creó seis fondos de inversión en Jersey para transferir capital a Luxemburgo para adquirir Vitalia Home. Al final se va diluyendo el responsable del negocio, haciendo que sea muy difícil pedir explicaciones a nadie sobre la mala calidad de los cuidados en una residencia.

El negocio de las aulas

Los fondos de inversión también han visto un gran filón en la educación para ampliar su negocio, concretamente en la formación profesional (FP), el sitio por el que han desembarcado varios fondos americanos.

La formación profesional parece no tener techo, tanto en España como en la Comunitat Valenciana. Cada año se ofertan más plazas y todas se llenan. La FP de ahora tiene un 72 % más de plazas que hace doce años. Un total de 1.174.800 personas se matriculó el curso 2024-25. Pero las administraciones no pueden (o quieren) dar respuesta a esta demanda y buena parte de este crecimiento se está dando en beneficio del sector privado, que se multiplica por toda España mientras decenas de miles de jóvenes se quedan sin plaza en la pública.

En la década que va del curso 2012-13 al 2022-23, el sistema ha ganado casi 350.000 estudiantes.[28] Pero estos nuevos alumnos no se han repartido por igual: lo privado se ha triplicado, mientras que lo público apenas aumenta un 26%. El crecimiento más destacado ha sido en la FP Superior, donde los centros privados han encontrado su mayor filón.

La situación se da por todo el país, pero no con la misma intensidad. En Cataluña o Madrid la privada se ha multiplicado por cuatro. En la capital, de hecho, se ha fomentado que los jóvenes vayan a centros privados con becas para familias con ingresos de hasta 100.000 euros al año. Todo eso mientras se limita la oferta pública de los grados con más demanda. En Canarias lo particular se multiplica por tres en diez años. Solo en cuatro de las diecisiete comunidades autónomas ha crecido más el sector público que el privado: Cantabria, Euskadi, La Rioja y Navarra.

Los fondos de inversión se situaron en el sitio perfecto. Una demanda que parecía no tener final y una oferta pública que no la

---

28 Datos del Ministerio de Educación.

satisface dan como resultado una necesidad, una oportunidad de mercado. La oferta de FP privada en España es variada, con decenas de empresas ofreciendo módulos presenciales y a distancia, una modalidad también al alza, tanto en FP como universidades, y a la que la educación pública ha renunciado. A la cabeza de los fondos que desembarcan en España destaca el estadounidense KKR, que, aunque recientemente se ha hecho conocido por su implicación en festivales de música, tiene su verdadero negocio en otro lado. Compra a compra, este fondo ha forjado un imperio educativo en el país. Educa Holdco, la sociedad con la que opera KKR a través de una empresa luxemburguesa (Educa Lux), tiene diecisiete firmas en su cartera, incluyendo el grupo Pef 1 Mediterráneo Activo Holding, a su vez propietaria de más empresas educativas e incluso de la Universidad Tecnológica Atlántico-Mediterráneo, aprobada por la Junta de Andalucía pese a tener tres informes en contra. El fondo aterrizó en el sector con la compra de Master D, un gigante de la formación de todo tipo (oposiciones, cursos, FP, etc.). Continuó su expansión comprando Medac, una empresa andaluza de formación profesional en la que estuvo el fallecido exconsejero de Educación de la Junta de Andalucía, Javier Imbroda. También ha adquirido Itep Formación, el Instituto de Formación Profesional en Rescate y Salvamento Marítimo, el grupo Implika Educación, UDS Formación Integral en el Deporte y la Salud, el Centro de Formación Profesional en el Deporte y la Salud de Málaga, Obicex Formación SL, el Centro de Estudios Tecnológicos de Alcobendas o el Centro de Formación Seguirilla, además de tres firmas italianas y la versión portuguesa de Master D. No es el único fondo que ha entrado en el sector en los últimos años. El suizo Crescendo ha estado comprando varias empresas de formación española en los últimos años.

E-magister es otro de los gigantes de la formación en manos de un fondo de inversión. Esta firma pertenece a Educaedu Group, a su vez propiedad de Edutech Investment Holding, una firma intermediaria de gestión propiedad de varios fondos de inversión, entre los que destaca Miura Fund III con un 54% de la compañía. Este fondo explica en su página web el amplio mercado que manejan este tipo de empresas y lo lucrativo que puede ser el negocio de la educación privatizada. «El directorio educativo de Educaedu es una referencia en el mercado, con más de 2.000 universidades y centros de formación a nivel global. En 2021, más de 120 millones de usuarios consultaron sus portales, cuatro millones solicitaron información para cursar estudios y más de un millón terminaron matriculándose en algún centro». La cúpula del fondo de capital riesgo KKR se embolsó el año pasado un bonus de una cantidad que no ha trascendido por lograr «ventas» de 174 millones de euros con sus 2.200 empleados en España. La formación privada, manejada por los fondos, gana dinero y estrecha a la educación pública, que sigue sin reaccionar ni plantar batalla.

Despertar la deuda dormida

Hay un asunto que preocupa especialmente, más que la vivienda, en los despachos de la Ciudad de la Justicia de València, y ese es el de las reclamaciones de «deuda dormida», el último gran filón que han encontrado los fondos de inversión.

Carlos Torreño, abogado especialista en reclamaciones de deuda, lidia con esto cada día. Un banco vende un paquete de deuda odiosa de dos millones de euros por 200.000, y el fondo que lo ha comprado se dedica a acosar y hostigar a los deudores reclamando el importe íntegro de la deuda que a veces puede datar de hace décadas. «Puede ser que te reclamen un dinero que debías al banco de cuando estampaste un Opel Astra en 2004 en la ruta del Bakalao», explica Torreño. Este problema es el que está colapsando los juzgados, al menos los valencianos, ya que los fondos muestran un carácter muy insistente y no paran hasta que hayan cobrado lo adeudado.

Sin embargo, lo más normal es que los fondos actúen como meras pasantías. Si se recibe una oferta mayor de lo que ha pagado por la deuda el fondo revende el paquete. Así, la deuda puede pasar por decenas de manos antes de que alguien la reclame. Y para entender esto hay que retrotraerse de nuevo a la crisis de 2008. Cuando las bolsas caen en picado los bancos se quedan con una cantidad tremenda de deuda odiosa, la mayoría viviendas, pero no solo eso, había impagos de todo tipo. El aluvión de reclamaciones de deuda colapsa los juzgados, que crean entonces los procedimientos monitorios, una forma de agilizar la justicia llegando a acuerdos antes del juicio. «Entonces llegan unos señores que se compran España: los fondos buitre», explica el abogado. «Los bancos necesitaban liquidez como fuera, así que se pusieron a vender paquetes de deuda, que cayeron en manos de estos fondos y muchos lo que hicieron fue directamente venderla por más precio, lo que generó un mercado secundario donde la deuda del consumidor que va de paraíso fiscal en paraíso fiscal». La maraña y las manos que se van pasando son tales que Torreño ha visto reclamaciones de deuda que ya se habían cobrado.

Esos paquetes de deuda son los que están comenzando a despertar ahora fondos buitre como Intrum, Estrella Receivales o Axfactor. Aunque no existen datos de quién insta las reclamaciones, el propio Torreño y fuentes judiciales aseguran que estos son los nombres que dominan.

Estos nombres, por ejemplo, compraron el 50 % de la deuda odiosa del Banco Santander, que a su vez absorbió al Banco Popular. Para cobrar hacen uso de empresas de *call center* especializadas en hacer llamadas amenazantes y contratan abogados de despachos «de tercera» normalmente jóvenes y muy mal pagados, que se abren paso en uno de sus primerso contratos.

Torreño, por su parte, reivindica que «nadie le está poniendo freno a esto». «La economía está muy mal, la gente no tiene dinero para nada como para que encima un fondo le venga a reclamar una deuda que no pudo pagar en el año 2006».

De igual manera que con la vivienda, los fondos han puesto el foco en hacer negocio con necesidades básicas de la población:

la educación, la sanidad, el campo o las residencias son solo una parte de estos imperios sin fronteras que cada año tienen más poder a pesar de que no fabrican nada ni dan ningún servicio. Sólo apuestan, y sus apuestas casi siempre ganan mucho. La vivienda, por ejemplo, ha sido uno de los activos más rentables del mercado desde 2008. Por eso Torreño defiende que el inmobiliario «tiene que volver a ser un negocio aburrido, que no acumule tanto poder». El segundo dato que juega siempre a favor de los fondos de inversión es muy sencillo de entender, y a la vez es una advertencia para las generaciones futuras: «El delito de asesinato prescribe con el tiempo, pero tener una deuda no prescribe nunca. Las deudas se heredan».

Bibliografía

ALARCOS, Ana P. (20-11-2024). «Los gestores inmobiliarios vaticinan el fin de su modelo: "El negocio va a ser otro"». *Idealista News* https://www.idealista.com/news/inmobiliario/empresas/2024/11/20/821316-los-gestores-inmobiliarios-vaticinan-el-fin-de-su-modelo-el-negocio-va-a-ser

ÁLVAREZ, Ángel C. (5-9-2024) «El Gobierno valenciano sube el precio de la VPO a 2.400 euros por m² y obligará a reservar el 40% a jóvenes». *El Economista* https://www.eleconomista.es/vivienda-inmobiliario/noticias/12974057/09/24/el-gobierno-valenciano-sube-el-precio-de-vpo-a-2400-euros-por-m2-y-obligara-a-reservar-el-40-a-jovenes.html

ARENA FOR JOURNALISM IN EUROPE (2022). *Cities for Rent. Investigating Corporate Landlords Across Europe.* Cities 4 Rent https://cities4rent.journalismarena.media/

ARREDONDO, Rafael, María DE LAS OLAS PALMA, Ana Cristina RUIZ, Ane PÉREZ, Ana CARBELLIDO (2023). *Mujeres ante los desahucios. Análisis de situación, factores de riesgo y consecuencias,* Instituto de las Mujeres https://www.inmujeres.gob.es/publicacioneselectronicas/documentacion/Documentos/DE2060.pdf

ARUFE, Fernando (10-4-2024). «La Cátedra Observatorio de la Vivienda de la UPV alerta: construir ya o condena al chabolismo». *Economía Digital* https://www.economiadigital.es/valencia/economia/la-catedra-observatorio-de-la-vivienda-de-la-upv-alerta-construir-ya-o-condena-al-chabolismo.html

ASOCIMI (Asociación de Inmobiliarias con Patrimonio en Alquiler). *¿Qué es ASOCIMI?* https://asocimi.org/que-es-asocimi/

AUNIÓN, J. A. (24-10-2021). «Los fondos de capital riesgo ponen sus manos en la educación española». *El País* https://elpais.com/economia/negocios/2021-10-24/los-fondos-de-capital-riesgo-ponen-sus-manos-en-la-educacion-espanola.html

AYUNTAMIENTO DE VALÈNCIA. *Visor de Viviendas de Uso Turístico (VUT).* https://app.powerbi.com/view?r=eyJrIjoiOWRmZTJlZTctOWQzN-SooNTNlLWJhYzgtNjA3MTk2MGMyNDNkIiwidCI6ImM2ODQ2NmVmLW-FiOWItNGYwZSo4ZTczLWViMjIwYWYyNTc5NiIsImMiOjl9&s=09

BARONA, L. (2016). *¿Por qué los fondos buitre se alimentan de nuestras casas?* TFM Universidad Pontificia de Comillas.

BBC NEWS (25-9-2015). *Nama sale of Northern Ireland loan book agreed.* BBC *News* https://www.bbc.com/news/uk-northern-ireland-34337965.

BBVA (21-10-2021). «BBVA vende a su socio Cerberus el 20% de Divarian». https://www.bbva.com/es/bbva-vende-a-su-socio-cerberus-el-20-de-divarian/

BONO, Ferran (10-1-2024). «*The New York Times* elige Valencia como uno de los 52 mejores destinos del mundo para ir en 2024». *El País* https://elpais.com/espana/comunidad-valenciana/2024-01-10/the-new-york-times-elige-valencia-como-uno-de-los-52-mejores-destinos-del-mundo-para-ir-en-2024.html

BRUALLA, Alba (21-1-2022). «Haya Real Estate engorda su cartera inmobiliaria con dos contratos del Frob y Cerberus». *El Economista* https://www.eleconomista.es/inmobiliaria/noticias/11552149/01/22/Haya-Real-Estate-engorda-su-cartera-inmobiliaria-con-dos-contratos-del-Frob-y-Cerberus-.html

CALATAYUD, José Miguel, Adriana HOMOLOVA, Hendrik LEHMANN (15-5-2021). «Los nuevos dueños de la vivienda han transformado: de fondos internacionales al mercado inmobiliario». *elDiario.es* https://www.eldiario.es/economia/nuevos-duenos-vivienda-han-transformado-fondos-internacionales-mercado-inmobiliario_1_7935880.html

CARMONA, P. (2022). *La democracia de propietarios.* Traficantes de Sueños.

CASTELLÓN PLAZA (14-7-2023). «Castelló mediará con el fondo buitre pese a que Velegar subirá el alquiler a las 235 familias». *Castellón Plaza* https://castellonplaza.com/castellonplaza/castello-pacta-con-el-fondo-buitre-soluciones-para-las-235-familias-afectadas-por-la-subida-del-alquiler

CHRISTOPHERS, B. (2021). *Our Lives in their Portfolios: Why Too Much Investment Management Is Bad for the Economyóand What Needs to Be Done About It.* Verso Books.

CINCO DÍAS (12-6-2021). *Cerberus compra a Bankinter su plataforma de gestión de activos por 90 millones.* Cinco Días https://cincodias.elpais.com/cincodias/2021/07/12/companias/1626088897_975408.html

Civio.es (14-1-2025). *Recurrimos a los tribunales para saber por cuánto y a quién le ha vendido la Sareb 9.440 viviendas protegidas.* Civio https://civio.es/novedades/2025/01/14/recurrimos-a-los-tribunales-para-saber-por-cuanto-y-a-quien-le-ha-vendido-la-sareb-9-dot-440-viviendas-protegidas/

COLLADO, N. (2023). *L'últim recer.* Sembra Llibres.

CONTRERAS, Eva (5-5-2023). «Gescobro (Cerberus) compra la filial de recobro de Bankinter y le prestará el servicio». *El Economista* https://www.eleconomista.es/banca-finanzas/noticias/12277537/05/23/gescobro-cerberus-com-pra-la-filial-de-recobro-de-bankinter-y-le-prestara-el-servicio.html

CUENCA, Jordi (9-1-2025). «Gano dinero, compro una vivienda y la pongo en alquiler»: el auge del pequeño inversor en València». *Levante-EMV* https://www.levante-emv.com/economia/2025/01/09/gano-compro-vivienda-pon-go-alquiler-113231451.html

CÚNEO, Martín (23-5-2021) «BlackRock, Blackstone, Vanguard: el trío buitre que copa el lobby y el poder de la Bolsa y el Ibex 35». *El Salto* https://www.el-saltodiario.com/fondos-inversion/blackrock-blackstone-vanguard-buitre-lobby-poder-bolsa-ibex35-nuevos-amos-economia-planeta

— (28-6-2022). «De Echegoyen a Guindos, de Calvo a Romana: el carrusel de puertas giratorias de la Sareb y las cajas quebradas». *El Salto* https://www.el-saltodiario.com/especulacion-inmobiliaria/echegoyen-guindos-calvo-roma-na-saenz-santamaria-luna-aznar-puertas-giratorias-sareb-cajas-quebradas

DELOITTE (2024, junio). *Deleveraging Europe: Update and Outlook.* https://www.deloitte.com/content/dam/assets-zone2/cy/en/docs/industries/financial-services/2024/CY_FAS_deleveraging-europe-june-2021_NoExp.pdf

DÍEZ DE MIGUEL, Ángel (31-10-2023). «Democracia y fondos de inversión». *Info-libre* https://www.infolibre.es/club-infolibre/librepensadores/democracia-fondos-inversion_129_1627852.html

DIRECTA.CAT (2022, abril). «Destapem Blackstone» *Directa 545.* https://directa.cat/app/uploads/2022/04/Directa545.pdf

DIONI, Jorge (2021). *La España de las piscinas.* Arpa.

DOMÍNGUEZ, Dani (12-12-2020). «Boada, ricos y Franco: Blackstone, el fondo buitre que se hizo con la banca catalana». *La Marea* https://www.yoibexti-go.lamarea.com/informe/noticias/ibex-35/boada-ricos-franco-blackstone/

— (30-5-2022). «Los fondos buitre ya controlan el 100% de los hospitales de gestión mixta de Madrid». *La Marea* https://www.lamarea.com/2022/05/30/los-fondos-buitre-ya-controlan-el-100-de-los-hospitales-de-gestion-mixta-de-madrid/

EFE (31-1-2025). «Valencia aprueba una de las normas más restrictivas de Espa-ña contra los pisos turísticos: el 98% de los inmuebles serán residenciales y comerciales». *El Mundo* https://amp.elmundo.es/comunidad-valenciana/2025/01/31/679cda1fe9cf4ae5558b4590.html

EL ECONOMISTA (22-3-2022). «Aliseda y Anticipa lanzan EFFIC para gestio-nar proyectos de rehabilitación con las ayudas europeas». *El Economista* https://www.eleconomista.es/vivienda/noticias/11693558/03/22/Aliseda-y-Anticipa-lanzan-EFFIC-para-gestionar-proyectos-de-rehabilitacion-con-las-ayudas-europeas.html

El Salto (11-3-2023). «El Sindicat d'Habitatge de València libera un bloque de 12 pisos en el barrio del Cabanyal». *El Salto* https://www.elsaltodiario.com/vivienda/sindicat-dhabitatge-valencia-libera-un-bloque-12-pisos-barrio-del-cabanyal-

— (16-02-2024). «Un fondo buitre de la familia Aguirre compra cuatro bloques y amenaza con una ola de desahucios». *El Salto* https://www.elsaltodiario.com/vivienda/fondo-buitre-familia-aguirre-compra-cuatro-bloques-amenaza-ola-desahucios

— (30-12-2024). «Los fondos de inversión se convierten en los nuevos dueños del campo». *El Salto* https://www.elsaltodiario.com/rural/fondos-inversion-se-convierten-nuevos-duenos-del-campo

EP (20-6-2024). «Los siete grandes 'servicers' de España gestionan activos por valor de 117.945 millones». *Forbes* https://forbes.es/economia/481814/los-siete-grandes-servicers-de-espana-gestionan-activos-por-valor-de-117-945-millones/

Esteban, Héctor (23-4-2014). «Un cargo de Cerberus cerró el trato con el Valencia CF en 2014». *Las Provincias* https://www.lasprovincias.es/v/20140423/deportes/valencia/cargo-cerberus-cerro-trato-20140423.html

Fayos, Esther, Conrad Bosch, Eloi Latorre (12-11-2019). «Qui són els onze representants de Vox al Congrés dels Països Catalans?» *La Directa* https://directa.cat/qui-son-els-onze-representants-de-vox-al-congres-dels-paisos-catalans/

Ferrando, Ramón (12-8-2024). «Pisos turísticos de 20 metros cuadrados que generan 3.000 euros al mes en València». *Levante-EMV* https://www.levante-emv.com/economia/2024/08/12/pisos-turisticos-20-metros-generan-106821349.html

França, J. (2021). *La PAH: Manual de uso.* Rosa Luxemburgo Stiftung.

Funds Society (15-2-2023). «Altamira implanta doValue como marca corporativa y se posiciona como el primer servicer de nueva generación». Funds Society https://www.fundssociety.com/es/noticias/negocio/altamira-implanta-dovalue-como-marca-corporativa-y-se-posiciona-como-el-primer-servicer-de-nueva-generacion/

Gabarre de Sus, M. (2018). *Housing Financialization: The International Landscape.* Routledge.

— (2019). *Tocar fondo: La mano invisible tras la subida del alquiler.* Traficantes de Sueños.

— (2022). «Fondos de Inversión: Una industria depredadora de ciudades y derechos humanos». Observatori DESC https://observatoridesc.org/sites/default/files/publication/files/fondosinversion_industriadepredadora.pdf

— (marzo de 2022). «Informe ¡SHOCK! Inmobiliario en el Estado español». Observatori DESC https://observatoridesc.org/sites/default/files/publication/files/informe_shock_immobiliario_odesc.pdf

— (24-5-2023). «Deuda y créditos morosos: así los fondos de inversión conquistaron Europa». *El Salto* https://www.elsaltodiario.com/fondos-inversion/deuda-creditos-morosos-fondos-inversion-conquistaron-europa

— (15-11-2023). «Blackstone: un imperio sin fronteras». *El Salto* https://www.elsaltodiario.com/vivienda/operacion-hercules-caixa-fondo-buitre-blackstone-imperio-fronteras

GARCÍA BERNARDOS, Á., I. GUTIÉRREZ CUELI, J. GIL, y M. A. MARTÍNEZ (2018). *La PAH: Un movimiento popular contra la financiarización de la vivienda.* Traficantes de Sueños.

GARCÍA, Gemma (11-04-2022) «Blackstone, el fons voltor que acapara més habitatges». *La Directa.* https://directa.cat/blackstone-el-fons-voltor-que-acapara-mes-habitatges/

— (11-04-2022). «El fons d'inversió Blackstone posseeix 5.550 habitatges a 306 municipis de Catalunya». *La Directa.* https://directa.cat/el-fons-dinversio-blackstone-posseeix-5-550-habitatges-a-306-municipis-de-catalunya/

GARCÍA, Ter, Carmen TORRECILLAS y Adrián MAQUEDA (23-1-2024). «Diez megatenedores suman más de 14.500 viviendas alquiladas en la Comunidad Valenciana». *Civio.es* https://civio.es/poder/2024/01/23/diez-megatenedores-suman-mas-de-14500-viviendas-alquiladas-en-la-comunidad-valenciana/

GARCÍA, H. (9-7-2024). «La lista de espera de demandantes de vivienda se dispara en la Comunitat Valenciana». *Levante-EMV* https://www.levante-emv.com/valencia/2024/07/09/lista-espera-demandantes-vivienda-dispara-105406310.html

GASCÓ, Javier (5-9-2024). «La mitad de la vivienda que se compra es al contado». *Las Provincias* https://www.lasprovincias.es/economia/vivienda/mitad-vivienda-compra-contado-20240905200120-nt.html

GIMÉNEZ, Miguel (30-11-2024). «102.000 viviendas valencianas vacías pertenecen a grandes propietarios: una sola persona posee 318 casas». *elDiario.es* https://www.eldiario.es/comunitat-valenciana/102-000-viviendas-valencianas-vacias-pertenecen-grandes-propietarios-sola-persona-posee-318-casas_1_11852402.html

GUZMÁN, Cecilia (15-12-2015). «Los Aznar y los Pujol, interconectados en la macrooperación del IVIMA». *El Plural* https://www.elplural.com/politica/espana/los-aznar-y-los-pujol-interconectados-en-la-macroperacion-del-ivima_24605102

HERNÁNDEZ, María (15-12-2023). «La polémica frustra el fichaje de Isabel Pardo de Vera como presidenta de Asval, el lobby de la vivienda en alquiler». *El Mundo* https://www.elmundo.es/economia/2023/12/15/657c412621efa01b3f8b4593.html

— (31-1-2024). «Del ministerio de Ábalos al 'lobby' de la vivienda en alquiler: Asval ficha a Helena Beunza como nueva presidenta». *El Mundo* https://www.elmundo.es/economia/vivienda/2024/01/31/65ba9016e4d4d8be7c8b45c2.html

HERNÁNDEZ VIGUERAS, J. (2015). *Los fondos buitre: capitalismo depredador.*

IDEALISTA (20-06-2018). «Sabadell vende a Cerberus 9.100 millones en ladrillo». *Idealista News* https://www.idealista.com/news/inmobiliario/empresas/2018/07/20/766650-sabadell-vende-a-cerberus-9-100-millones-en-ladrillo

— (13-6-2021). «Cajamar vende a Cerberus una cartera con 6.000 inmuebles valorada en 500 millones». *Idealista News* https://www.idealista.com/news/inmobiliario/empresas/2021/07/13/791398-cajamar-vende-a-cerberus-una-cartera-con-6-000-inmuebles-valorada-en-500-millones

INQUILINATO.ORG (11-7-2024). «Novecientos inquilinas se declaran en huelga de alquileres contra Nestar-Azora». Inquilinato.org https://www.inquilinato.org/novecientas-inquilinas-se-declaran-en-huelga-de-alquileres-contra-nestar-azora/

INSTITUTO NACIONAL DE ESTADÍSTICA. *Estadística de Coyuntura Turística de los Establecimientos Hoteleros.* https://www.ine.es/dyngs/INEbase/es/operacion.htm?c=Estadistica_C&cid=1254736176962&menu=ultiDatos&idp=1254735576863

IRANZO, Carmen (24-1-2025). «Turismo de barrios: el nuevo proyecto del Ayuntamiento para convertir València en un parque temático». *El Salto* https://www.elsaltodiario.com/analisis/turismo-barrios-nuevo-proyecto-del-ayuntamiento-convertir-valencia-parque-tematico

LAPEIRA, Oriol (1-1-2024) «Gemma G. Fabrega: "Els fons voltor incompleixen contínuament el marc legal"». *Carrer,* https://carrer.cat/article/gemma-g-fabrega-els-fons-voltor-incompleixen-continuamentel-marc-legal/

LÓPEZ, Denisse (6-11-2024). «Más del 40% de las casas que tiene la Sareb están vacías». *El País* https://elpais.com/economia/2024-11-26/mas-del-40-de-las-casas-que-tiene-sareb-estan-vacias.html

LÓPEZ BELARTE, Mateo (17-04-2023). «La Sareb posee casi 9.000 viviendas en la Comunitat Valenciana». *Levante-EMV* https://www.levante-emv.com/comunitat-valenciana/2023/04/17/sareb-posee-9-000-viviendas-86115743.html

López Letón, Sandra (11-11-2023). «Un grupo sueco se está dando un festín inmobiliario en España y es quien aconseja a qué precio se alquilan o venden muchas casas». *El País* https://elpais.com/economia/negocios/2023-11-11/un-grupo-sueco-se-esta-dando-un-festin-inmobiliario-en-espana-y-es-quien-aconseja-a-que-precio-se-alquilan-o-venden-muchas-casas.html

Loureiro, Maite (2-10-2021) «Cristina Esteban Calonje, el 'terror de los okupas' en Vox». *Libertad Digital* https://www.libertaddigital.com/espana/politica/2021-10-02/cristina-esteban-calonje-el-terror-de-los-okupas-en-vox-6823926/

Luz, Julia (21-1-2025). «Fondos de inversión sobrevuelan el campo español». *Valencia Fruits* https://valenciafruits.com/fondos-inversion-sobrevuelan-campo-espanol/

Mateo Fano, Alejandra (14-02-2024). «Vecinas víctimas de la especulación de Elix Rental Housing se plantan ante la compra de tres bloques». *El Salto* https://www.elsaltodiario.com/especulacion-inmobiliaria/vecinas-victimas-especulacion-elix-rental-housing-se-plantan-compra-tres-bloques

Mena, Gloria (30-1-2025). «Datos que desmontan teorías alarmistas sobre la okupación: solo el 0,05% de las viviendas está okupado». La Sexta https://www.lasexta.com/programas/lasexta-clave/datos-que-desmontan-teorias-alarmistas-okupacion-solo-005-viviendas-esta-okupado_20250130679bdf4ee95c060001819468.html

Millán, Jorge (13-10-2021). «Casi la mitad de las viviendas compradas desde 2008 fueron por empresas con más de ocho inmuebles». *20 Minutos* https://www.20minutos.es/noticia/4848257/0/casi-mitad-viviendas-compradas-2008-empresas-mas-de-ocho-inmuebles/

Missé, Andreu (9-1-2023). «Un año para frenar a los fondos buitre». *El País* https://elpais.com/economia/2023-01-09/un-ano-para-frenar-a-los-fondos-buitre.html

Morales, Alejandro (24-8-2018). «Claudio Boada (Blackstone): el amigo de Franco y consejero "tapado" de la Generalitat». Merca2 https://www.merca2.es/2018/08/24/claudio-boada-blakstone-franco-77970/

Morán, Tomás G. (4-9-2019) «¿Cuáles son las distintas estrategias de inversión en Real Estate? Core, Core Plus, Value Add y Opportunistic». Linkedin https://www.linkedin.com/pulse/cu%C3%A1les-son-las-distintas-estrategias-de-inversi%C3%B3n-en-tom%C3%A1s/

Morcuende González, Alejandro, Ayoze Alfageme Ramirez, Dora Jandrić, Gabrielle Meagher, Marcus Wolf, Marta Szebehely, Mauricio Rezende Dias, Théo Bourgeron (12-9-2024) *The happy few:* «How European elderly care has been financialised, who benefits from it and which counterstrategies to deploy». Transform Europe https://transform-network.net/publication/the-happy-few-how-european-elderly-care-has-been-financialised-how-benefits-from-it-and-which-counterstrategies-to-deploy/

MORENO, Claudio (10-5-2023). *Un desahucio en Paiporta se precipitó al balcón al ver llegar a la comitiva judicial.* Levante-EMV https://www.levante-emv.com/horta/2023/05/10/desahucio-vecino-paiporta-precipito-balcon-87151952.html

— (23-5-2024). «*València registra 600 nuevos apartamentos turísticos en solo cuatro meses*». *Levante-EMV* https://www.levante-emv.com/valencia/2024/05/23/valencia-registra-600-nuevos-apartamentos-102790549.html

— (4-7-2024). *El Sindicat de la Vivienda okupa una finca vacía de la Sareb en València.* Levante-EMV https://www.levante-emv.com/valencia/2024/07/04/sindicato-vivienda-okupa-finca-vacia-105009496.html

— (9-9-2024). «La zona cero del Cabanyal acumula ya 230 viviendas turísticas ilegales en València». *Levante-EMV* https://www.levante-emv.com/valencia/2024/09/09/zona-cero-cabanyal-acumula-230-107863062.html

MORET, X. (24-10-2014). «La Policía registra la sede de Atitlán en València». *Las Provincias* https://www.lasprovincias.es/politica/201410/24/policia-registra-sede-atitlan-20141024005323-v.html

MUNÁRRIZ, Ángel (23-10-2022). «Megafondos y expolíticos se alían en el lobby inmobiliario para frenar la Ley de Vivienda». Infolibre https://www.infolibre.es/politica/megafondos-expoliticos-suman-fuerzas_1_1342820.html

— (21-9-2023). «Joan Clos, presidente del lobby de Blackstone, asesora a Salvador Illa». *Infolibre* https://www.infolibre.es/politica/joan-clos-presidente-lobby-blackstone-asesora-salvador-illa_1_1562856.html

— (12-11-2023). «Fondos estadounidenses y especulación inmobiliaria: Valen los hijos de políticos y banqueros para el negocio en España». *Infolibre* https://www.infolibre.es/politica/fondos-estadounidenses-especulacion-inmobiliaria-valen-hijos-politicos-banqueros-negocio-espana_1_1623619.html

— (12-2-2024). *Un gigante global del cobro de morosos se convierte en el nuevo líder inmobiliario español. Infolibre* https://www.infolibre.es/politica/gigante-global-cobro-morosos-convierte-nuevo-lider-inmobiliario-espanol_1_1714644.html

— (13-4-2024). «Grandes especuladores y rentistas siguen en el negocio inmobiliario tras el retoque de la golden visa». *Infolibre* https://www.infolibre.es/politica/grandes-especuladores-rentistas-siguen-negocio-inmobiliario-retoque-golden-visa_1_1762578.html

Navarro, Andrea (26-7-2024). «Malvarrosa: de barrio obrero a paraíso turístico». *El Salto* https://www.elsaltodiario.com/turismo/malvarrosa-barrio-obrero-paraiso-turistico

Navarro, David (25-7-2024). «La C. Valenciana supera los 105.000 demandantes de vivienda pública». *Levante-EMV* https://www.levante-emv.com/economia/2024/07/25/c-valenciana-supera-105-000-106041879.html

Navarro, Raúl (24-1-2025). «Alicante desbanca a Málaga como la provincia líder en pisos turísticos». *Alicante Plaza* https://alicanteplaza.es/alicante-desbanca-malaga-provincia-lider-pisos-turisticos

Navarro Castelló, Carlos (9-5-2023). «Un vecino de Paiporta se suicida al no poder acceder a su vivienda cuando la comitiva iba a proceder a desahuciarle». *elDiario.es* https://www.eldiario.es/comunitat-valenciana/valencia/vecino-paiporta-suicida-acceder-vivienda-comitiva-iba-proceder-desahuciarle_1_10188279.html

— (10-7-2023). «El Gobierno valenciano paga los últimos 7,5 millones del circuito urbano de F1 que Camps prometió a coste cero». *elDiario.es* https://www.eldiario.es/comunitat-valenciana/valencia/gobierno-valenciano-paga-ultimos-7-5-millones-circuito-urbano-f1-camps-prometio-coste-cero_1_10280687.html

Nieto Ivars, Juan (11-11-2019). «Siete de Vox con un fundador ultra y una diputada antiabortista». *Levante-EMV* https://www.levante-emv.com/comunitat-valenciana/2019/11/11/siete-vox-fundador-ultra-diputada-14035705.html

Noriega, David, Raúl Sánchez (17-11-2024) «40 minutos para decidir si tu casa o tu vida: así competimos con un inversor que puede pagar al contado». *elDiario.es* https://www.eldiario.es/economia/40-minutos-decidir-si-casa-vida-competimos-inversor-pagar-contado_1_11813746.html

Noriega, David, Yuly Jara (20-11-2024). «Si faltan viviendas en España, ¿por qué hay medio millón a la venta?» *elDiario.es* https://www.eldiario.es/economia/si-faltan-viviendas-espana-hay-medio-millon-vender_1_11830249.html

Observatori Desca (mayo de 2022). «Fondos buitre: una industria depredadora de ciudades y derechos humanos». https://observatoridesc.org/es/fondos-buitre-industria-depredadora-ciudades-y-derechos-humanos

O'Halloran, Barry (26-08-2020). «Project Eagle: what was it and why is it in the news?» *The Irish Times* https://www.irishtimes.com/business/commercial-property/project-eagle-what-was-it-and-why-is-it-in-the-news-1.4324116

Olaya, Pilar (9-5-2023). «Se suicida un vecino de Paiporta que iba a ser desahuciado». *Levante-EMV* https://www.levante-emv.com/horta/2023/05/09/suicida-vecino-paiporta-iba-desahuciado-87110698.html

OLIVERES, Victoria, Raúl SÁNCHEZ, Yuly JARA (21-09-2024). «El boom del alquiler de temporada: hasta el 30% de los pisos anunciados en capitales se ofrecen por meses». *elDiario.es* https://www.eldiario.es/economia/boom-alquiler-temporada-30-pisos-anunciados-capitales-ofrecen-meses_1_11670769.html

OPEN HUB NEWS (19-12-2023). «Fortress y Cerberus adquieren 1.100 millones en hipotecas de Santander y Caixabank». *Open Hub News* https://openhubnews.com/en-fortress-cerberus-adquieren-1-100-millones-hipotecas-santander-y-caixabank/

PLAZA, Pablo (13-08-2024). «Más de 430 pisos y 5 millones de inversión: la EVHA amplía en 2023 el parque público de vivienda». *Valencia Plaza* https://valenciaplaza.com/valenciaplaza/mas-de-430-pisos-y-5-millones-de-inversion-la-evha-amplia-en-2023-el-parque-publico-de-vivienda

PLAZA CASARES, Sara (23-9-2024). «Casi un centenar de residencias privadas de mayores están en manos de fondos de inversión». *El Salto* https://www.elsaltodiario.com/residencias-mayores/casi-un-centenar-residencias-privadas-estan-manos-fondos-inversion

RADIO VALENCIA (21-5-2024). «El precio del alquiler se duplica en una década en la Comunitat Valenciana: de 406 euros al mes a 972 euros». *Cadena SER* https://cadenaser.com/comunitat-valenciana/2024/05/21/el-precio-del-alquiler-se-duplica-en-una-decada-en-la-comunitat-valenciana-de-406-euros-al-mes-a-972-euros-radio-valencia/#:~:text=Analizando%20olos%20incrementos%20porcentuales%20acumulados,mes%20en%20abril%20de%202024)..)

R.C.T. (26-11-2020). «Una promotora de la Pobla de Vallbona pide que se paralice un plan urbanístico que prevé 1.100 viviendas». *Levante-EMV* https://www.levante-emv.com/comunitat-valenciana/camp-de-turia/2020/11/26/vivienda-pobla-vallbona-piden-paralice-25623197.html

REINA, Elena (21-1-2024). «Cuando un fondo buitre declara tu casa un "activo esencial": así empieza la cuenta atrás para dejarte en la calle». *El País* https://elpais.com/espana/madrid/2024-01-21/cuando-un-fondo-buitre-declara-tu-casa-un-activo-esencial-asi-empieza-la-cuenta-atras-para-dejarte-en-la-calle.html?utm_medium=social&utm_campaign=echobox&utm_source=LinkedIn&ssm=LK_CM#Echobox=1705832785-2

RICO, Manuel (5-6-2021). «El fondo Blackstone tiene una sociedad en Luxemburgo para retribuir a directivos de una empresa de apuestas y tragaperras (Cirsa)». *Infolibre* https://www.infolibre.es/politica/fondo-blackstone-sociedad-luxemburgo-retribuir-directivos-empresa-apuestas-tragaperras-cirsa_1_1207040.html

RODRÍGUEZ, Elisabeth (10-8-2024). «La Comunitat Valenciana tiene cinco veces más pisos turísticos que alquileres convencionales en las grandes ciudades».

Las Provincias https://www.lasprovincias.es/economia/vivienda/comunitat-veces-pisos-turisticos-alquileres-convencionales-20240809002800-nt.html

ROLNIK, R. (2015). *La guerra de los lugares: La mercantilización de la vivienda y la resistencia en las ciudades*. Topia Editorial.

ROMERO, Alexis (3-2-2021). «Iglesias dijo a Blackstone: "Haré lo que haga falta para que todos los españoles tengan derecho a una vivienda digna"». *Público* https://www.publico.es/politica/iglesias-digo-blackstone-haga-falta-todos-espanoles-derecho-vivienda-digna.html

ROS, Mónica (3-9-2024). «Las familias que piden vivienda social se cuadruplican en la Comunitat Valenciana». *Levante-EMV* https://www.levante-emv.com/comunitat-valenciana/2024/09/03/familias-piden-vivienda-social-cuadruplican-107659798.html

RUIZ, Javier (29-01-2024). «Seis de cada diez viviendas en España se compran al contado». Cadena SER https://cadenaser.com/nacional/2024/01/29/seis-de-cada-diez-viviendas-en-espana-se-compran-al-contado-cadena-ser/

RUIZ DE GAUNA, Clara (6-12-2017) «Cerberus negocia la compra de activos de Kutxabank por 3.000 millones». *Expansión* https://www.expansion.com/mercados/2017/12/06/5a284b8022601dff768b45ba.html

SABORIT, Sergi (22-3-2018). «Sabadell vende a Cerberus su negocio inmobiliario por 900 millones». *Expansión* https://www.expansion.com/empresas/banca/2018/03/22/5ab35a5a46163f00138b464a.html

— (19-7-2018). «Sabadell vende a Cerberus una cartera de 9.100 millones en activos problemáticos». *Expansión* https://www.expansion.com/empresas/banca/2018/07/19/5b50349a22601de5668b4693.html

SALVADOR, Rosa (14-1-2024). «"Queremos invertir en España, falta seguridad jurídica"». *La Vanguardia* https://www.lavanguardia.com/economia/20240114/9496593/queremos-invertir-espana-falta-seguridad-juridica.html

SÁNCHEZ, Gonzalo (17-4-2023). «Así ha evolucionado el mercado de la vivienda pública en la Comunitat Valenciana». *Levante-EMV* https://www.levante-emv.com/comunitat-valenciana/2021/06/27/37-500-15-000-viviendas-54353064.html

SÁNCHEZ, Gonzalo (4-6-2021). «Un fondo buitre amenaza con desahuciar a vecinos de un bloque entero en València». *Levante-EMV* https://www.levante-emv.com/comunitat-valenciana/2021/06/04/fondo-buitre-amenaza-desalojar-vecinos-52595267.html

— (30-8-2021). «"No somos okupas"». *Levante-EMV* https://www.levante-emv.com/comunitat-valenciana/2020/08/30/okupas-13723864.html

— (19-11-2021). «Un fondo buitre acecha el barrio de Fuensanta con una oleada de desahucios en València». *Levante-EMV* https://www.levante-emv.com/comunitat-valenciana/2021/11/19/fondo-buitre-barrio-fuensanta-desahucio-59644181.html

— (3-3-2022). *Las empresas de desokupaciones proliferan en València: así actúa 'Desokupa Express'. Levante-EMV* https://www.levante-emv.com/comunitat-valenciana/2022/03/03/empresas-desokupaciones-proliferan-valencia-desokupa-63362189.html

— (31-7-2022). «Una gitana planta cara a los fondos buitre en un barrio de València». *Levante-EMV* https://www.levante-emv.com/comunitat-valenciana/2022/07/31/gitana-planta-cara-fondos-buitre-72013265.html

— (13-10-2022). «Un fondo buitre prohíbe a sus inquilinos filtrar información a los medios de comunicación». *Levante-EMV* https://www.levante-emv.com/comunitat-valenciana/2022/10/13/fondo-buitre-prohibe-inquilinos-filtrar-medios-comunicacion-77161026.html

— (22-10-2022). «2.500 euros de multa a cinco activistas que trataron de evitar el desahucio de una familia en València». *Levante-EMV* https://www.levante-emv.com/comunitat-valenciana/2022/10/26/2-500-euros-multa-cinco-77763503.html

— (6-11-2022). «Una sangría paraliza el parque público de vivienda social en la Comunitat Valenciana». *Levante-EMV* https://www.levante-emv.com/comunitat-valenciana/2022/11/06/sangria-paraliza-parque-publico-vivienda-social-comunitat-valenciana-78145450.html

SÁNCHEZ, Raúl, Victòria OLIVERES, Yuly JARA, David NORIEGA (24-11-2024). «España tiene más de un millón de viviendas en manos de grandes propietarios». *elDiario.es* https://www.eldiario.es/economia/espana-millon-viviendas-manos-grandes-propietarios_1_11844846.html

SÁNCHEZ CABALLERO, Daniel (5-2-2020). «Las leyes para privatizar aulas: de la LODE a la Lomce». *elDiario.es* https://www.eldiario.es/sociedad/leyes-privatizar-aulas-lode-lomce_1_1148681.html

— (6-10-2024). «El gran desembarco de los fondos de inversión en la FP: un nuevo filón para la educación privatizada». *elDiario.es* https://www.eldiario.es/sociedad/fondos-inversion-gran-desembarco-fp-nuevo-filon-educacion-privatizada_1_11687076.html

SANTAMARINA, Gabriel (20-9-2023). «ASVAL busca nuevo presidente tras el fallido intento de su último líder». *El Periódico de España* https://www.epe.es/es/activos/20231220/asval-busca-nuevo-presidente-fallido-96093157

SECCHI, B. (2015). *La ciudad de los ricos y la ciudad de los pobres*. Alianza Editorial.

SEMPERE, Pablo, Yolanda CLEMENTE POVEDA. (2-3-2025). «Buscador: así ha cambiado la concentración de vivienda en España». *El País* https://elpais. com/economia/2025-03-02/buscador-asi-ha-cambiado-la-concentracion-de-vivienda-en-espana.html

SINDICAT DE LLOGATERES (17-1-2020). «Dinamarca frenará a Blackstone y endurecerá la regulación del alquiler». Sindicat de Llogateres https://sindicatdellogateres.org/es/dinamarca-frenara-a-blackstone-y-endurecera-la-regulacion-del-alquiler/

SIMÓ, Nelo (29-3-2025). «El precio del alquiler en València se dispara un 10% en un año y marca un nuevo máximo histórico». *Levante-EMV* https://www.levante-emv.com/economia/2025/03/29/precio-alquiler-valencia-115828951.html

SIMÓN RUIZ, Alfonso (23-10-2023). «Servihabitat, Hipoges, Haya: puzzle de fusiones en un sector de 215.000 millones». *Cinco Días* https://cincodias. elpais.com/companias/2023-10-23/servihabitat-hipoges-haya-puzzle-de-fusiones-en-un-sector-de-215000-millones.html

SOS AZULEJO (s.f.). http://www.sosazulejo.com/

TEMPORE PROPERTIES (s.f.). «Sareb acuerda la venta del 75% de Tempore Properties a TPG Real Estate Partners». https://temporeproperties.es/sareb-acuerda-la-venta-del-75-de-tempore-properties-a-tpg-real-estate-partners/

THE SHIFT (s.f.). *Directives.* https://make-the-shift.org/directives/

TURISME COMUNITAT VALENCIANA. *Estadística de Viviendas Turísticas.* https:// www.turisme.gva.es/datosabiertos/recursos-turisticos/viviendas-turisticas/

TORÍO, Lorena (29-12-2023). «Dancausa sale de Haya Real Estate y le sustituye Tellado, máximo responsable de Intrum España». *El Economista* https:// www.eleconomista.es/vivienda-inmobiliario/noticias/12603089/12/23/dancausa-sale-de-haya-real-estate-y-le-sustituye-tellado-maximo-responsable-de-intrum-espana.html

UGALDE, Ruth (20-7-2023). «Cerberus triplica su apuesta por el alquiler en España con su socimi Macc». *El Confidencial* https://www.elconfidencial. com/inmobiliario/2023-07-20/cerberus-triplica-apuesta-alquiler-espana-macc-socimi_3703737/

UGALDE, R., J. ZULOAGA (22-01-2024). «Intrum vende a Cerberus el Proyecto Orange». *El Confidencial,* https://www.elconfidencial.com/inmobiliario/ suelo/2024-01-22/intrum-vende-a-cerberus-proyecto-orange_3816038/

UGT (16-4-2019). «Los fondos buitres y su tributación en España». UGT https:// www.ugt.es/sites/default/files/16-04_los_fondos_buitres_y_su_tributacion_ en_espana.pdf

VALENCIA PLAZA (12-07-2021) «Cajamar vende a Cerberus una cartera inmobiliaria en la costa mediterránea por 500 millones». https://valenciaplaza.

com/cajamar-vende-cerberus-cartera-inmobiliaria-costa-mediterranea-500-millones BARONA, L. (2016). *¿Por qué los fondos buitre se alimentan de nuestras casas?* TFM Universidad Pontificia de Comillas.

VÁZQUEZ, Cristina (30-5-2024). «La moratoria de pisos turísticos en Valencia entra en vigor durante un año». *El País* https://elpais.com/espana/comunidad-valenciana/2024-05-30/la-moratoria-de-pisos-turisticos-en-valencia-entra-en-vigor-durante-un-ano.html

VILLANUEVA, Luis (14-10-2024). «Así ha evolucionado el precio del alquiler en Valencia y Castellón en los últimos años». *El Español* https://www.elespanol.com/valencia/economia/20241014/valencia-castellon-evolucionado-precio-alquiler-ultimos-anos-trt/893411032_0.html

VINCZE, E., & E. BETAVATZI (eds.) (2019). *The impact of EU Policies on housing and urban development*. Routledge.

VIVIEN, Renaud (31-12-2017). «Evasión fiscal, fondos buitre y una legalidad aparente». *El Salto* https://osalto.gal/en-deuda/evasion-fiscal-fondos-buitre-una-legalidad-aparente

VOX ESPAÑA (29-11-2022). «*Ocupación: Cristina Esteban:* "Los okupas deben ser excluidos de cualquier ayuda social porque no son vulnerables, son delincuentes"». https://www.voxespana.es/grupo_parlamentario/actividad-parlamentaria/ocupacion-cristina-esteban-los-ocupas-deben-ser-excluidos-de-cualquier-ayuda-social-porque-no-son-vulnerables-son-delincuentes-20221129

ZARAGOZÁ, José Luis (17-1-2025). «Los fondos de inversión disparan la compraventa de fincas rústicas: las operaciones de Cocampo en el campo valenciano se multiplican». *Levante-EMV* https://www.levante-emv.com/economia/2025/01/17/fondos-inversion-compraventas-agricultura-operaciones-cocampo-campo-valenciano-se-vende-113438777.html

ZULOAGA, Jorge (12-12-2023). «Fortress y Cerberus compran hipotecas a Santander y Caixabank». *El Confidencial* https://www.elconfidencial.com/empresas/2023-12-12/fortress-cerberus-compran-hipotecas-santander-caixabank_3790706/

Entrevistas

1. (2024). *Entrevista a María Victoria, vecina de la Fuensanta* [Entrevista presencial]. València.
2. (2024). *Entrevista a Carlos Torreño, abogado especialista en cobro de deuda* [Entrevista presencial]. València.
3. (2024). *Entrevista a directivo de un fondo* [Entrevista telefónica].
4. (2024). *Entrevista a José Luiz González, portavoz de la PAH en València* [Entrevista presencial]. València.
5. (2024). *Entrevista a Narcisa Gómez* [Entrevista presencial]. València.
6. (2024). *Entrevista a afectada por un fondo buitre en Cullera* [Entrevista presencial]. Cullera.
7. (2024). *Entrevista a gestor de carteras de fondos de inversión* [Entrevista presencial]. València.
8. (2023). *Entrevista a Alejandro Aguilar* [Entrevista presencial]. València.
9. (2024). *Entrevista a Pura Peris* [Entrevista presencial]. València.
10. (2024). *Entrevista a Pablo Barbero, portavoz del Sindicat d'Habitatge de València* [Entrevista presencial]. València.
11. Sánchez, G. (2024). *Entrevista a Luis Sanmartín, profesor de sociología en la Universidad de Barcelona y activista de la PAH* [Entrevista telefónica].
12. (2024). *Entrevista a María Alandes, la Mataobras* [Entrevista presencial]. València.
13. (2024). *Entrevista a Eduardo García de Molina, economista* [Entrevista telefónica].
14. (2024). *Entrevista a Elena Bronchalo, portavoz del sindicat de Barri de Carolines* [Entrevista presencial]. Alacant.
15. (2024). *Entrevista a José Luis Miguel, director técnico de la Coordinadora de Organizaciones de Agricultores y Ganaderos (COAG)* [Entrevista telefónica].
16. (2024). *Entrevista a Claudia, víctima de desahucio siendo menor de edad* [Entrevista telefónica].
17. (2024). *Entrevista a Pablo, víctima de desahucio siendo menor de edad* [Entrevista telefónica].

18. (2024). *Entrevista a Vicente Losada, activista de la Plataforma contra los Fondos Buitre y de la Auditoría Ciudadana de la Deuda en Sanidad* [Entrevista telefónica].

19. (2024). *Entrevista a Miguel Roselló, Psicólogos Sin Fronteras* [Entrevista telefónica].

20. (2024). *Entrevista a Rosana Peiró, socióloga* [Entrevista telefónica].

21. (2022). *Entrevista a Sara Bermúdez, vecina del Cabanyal víctima de desahucio* [Entrevista presencial]. València.

22. (2022). *Entrevista a Teresa, vecina de Orriols víctima de desahucio* [Entrevista presencial]. València.

23. (2022). *Entrevista a Guillem Ribera, miembro del sindicat de barri del Cabanyal* [Entrevista presencial]. València.

24. *Entrevista a Aradia Ruiz, abogada especialista en vivienda de la cooperativa El Rogle* [Entrevista telefónica].

25. (2023). *Entrevista a Óscar Bolívar Amo, abogado especialista en derecho a la vivienda* [Entrevista presencial]. València.

26. (2023). *Entrevista a Manuel Gabarre de Sus, abogado especialista en derechos económicos y derecho a la vivienda* [Entrevista presencial]. València.

27. (2024). *Entrevista a Adrián, víctima de acoso inmobiliario* [Entrevista presencial]. València.

28. (2023). *Entrevista a Adelina Cabrera, abogada especialista en derecho a la vivienda de la cooperativa El Rogle* [Entrevista presencial]. València.

29. (2023). *Entrevista a Nacho Collado, abogado especialista en derecho a la vivienda de la cooperativa El Rogle* [Entrevista telefónica].

30. (2023). *Entrevista a María José Alamar, abogada especialista en derecho a la vivienda* [Entrevista presencial]. València.

31. (2025) *Entrevista a Susa Plaza, afectada del desalojo de la calle Sogueros* [Entrevista presencial]. València.

Primera edición de la obra HOGAR, DULCE NEGOCIO. *Cómo los fondos de invesión devoran las ciudades*, de Gonzalo Sánchez, con prólogo de Manuel Gabarre, en la colección «Periodisme», de la Institució Alfons el Magnànim, compuesta por Gráficas Aguilar con tipografías Brill y Bw Modelica, con una tirada de quinientos ejemplares, impresa por la Impremta de la Diputació de València, el mes de enero de 2026. De la edición y publicación de esta obra se ha encargado el equipo editorial del Magnànim.